孤独症儿童的地板时光

北京大学第六医院　主任医师

贾美香◎主编

天津出版传媒集团

天津科学技术出版社

《孤独症儿童的地板时光》

主　编

贾美香

编　委

白雅君　彭旦媛　杨凤美

贾　萌　赵亚楠　王仕琼

在繁华喧嚣的世界里，有一群特殊的孩子，他们被孤独症的光环所笼罩，生活在自己的小宇宙中。他们或许难以表达内心的情感，或许难以理解外界的信息，但他们的心灵同样渴望被理解、被接纳、被关爱。为了能给这些孩子及其家庭带来一丝温暖与希望，我们策划编写了《孤独症儿童的地板时光》。

孤独症，又称自闭症，是一种神经发育障碍，它影响着儿童的社交互动、语言和非语言交流，以及兴趣和行为模式。尽管孤独症的确切原因尚不完全清楚，但科学家们已经发现，早期干预和持续支持对于孤独症儿童的成长和发展至关重要。地板时光（Floor Time）正是一种备受推崇的孤独症儿童干预方法，它强调在孩子的自然环境中，以孩子为主导，通过游戏和互动来建立情感联系，促进社交技能的发展。

《孤独症儿童的地板时光》是一本关于帮助孤独症儿童提高生活自理、社交互动、情绪管理和语言表达等能力的指南性书籍。通过作者对"地板时光"理论的介绍和训练游戏的提供，给家长和教育者提供了一种科学、具体且实用的方法来帮助孤独症儿童发展多方面的能力。这本书为家长提供了很多帮助孩子进行地板时光前的准备，如如何进行创造环境、促进双向沟通、培养生活自理能力、帮助孩子管理情绪、培养社交技巧等方面的建议。同时，本书还提供了大量针对注意力、参与能力、语言表达能力、生活自理能力和情绪管理能力的训练游戏，这些游戏均可在家庭中轻松开展，既寓教于乐，也可以增强家庭成员之间的互动。

在本书编写的过程中，我们得到了许多专家学者的支持和指导。他们凭借丰富的实践经验和深厚的专业知识，为我们提供了宝贵的建议和意见。同时，我们也深入到了孤独症儿童的家庭和学校，与他们进行面对面的交流和互动，了解他们的需求和困惑。这些宝贵的经验和故事，都成为本书的重要内容。

这里，我们希望通过这本书能够唤起社会对孤独症儿童的关注和关爱。孤独症儿童是社会的一分子，他们同样需要被尊重、被理解、被支持。我们真切地希望通过这本书的传播和推广，让更多的人了解孤独症儿童的需求和困境，为他们创造一个更加包容和支持的社会环境。《孤独症儿童的地板时光》这本书是我们对孤独症儿童及其家庭的一份关爱和承诺。我们希望通过这本书的编写和传播，能够为孤独症儿童及其家庭带来一些帮助和启示。同时，我们也希望这本书能够成为推动孤独症教育事业发展的一份力量，为更多的孩子和家庭带来希望和温暖。

第一章　认识地板时光

第二章　注意力、参与能力训练游戏

第三章 语言表达能力训练游戏

第四章 生活自理能力训练游戏

第五章 情绪管理能力训练游戏

第一章

认识地板时光

走进地板时光

一、什么是地板时光

　　地板时光（Floor time）一词是美国著名儿童发展心理学家斯坦利·格林斯潘博士作为主要创始人提出的关于孤独症康复方法的通俗名称。它有"趴在地上和儿童玩，促进儿童发展"的意思，地板时光模式只是DIR综合干预方案中的一部分。

❶ 认识 DIR 模式

什么是 DIR 模式？

DIR 模式表示"发展取向、注重个别差异、以关系为基础的工作模式"。

DIR 模式	发展取向	六个阶段或层次即孤独症谱系障碍在每个阶段的最早期症状
	个体差异	每个儿童加工信息的独特方式
	关系基础	我们所了解的、能帮助儿童在发展上取得进步的学习关系

做成可视化效果是下面这样的：

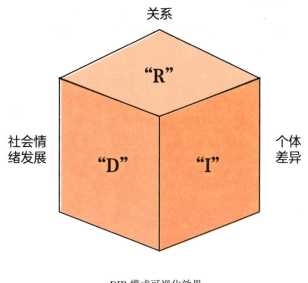

DIR 模式可视化效果

（1）D（developmental / 发展的）

表示儿童的社交发展阶梯。用地板时光的术语来说就是"功能情绪发展能力"
（Functional Emotional Developmental Capacity）。

（2）I（Individual differences / 个体差异的）

表示每个儿童对外界刺激的不同反应。比如，有些儿童听觉过敏，去嘈杂的
室外就非常抗拒，情绪不好。当他在室外时，可能不停做一些自我刺激的行为，
不理人，注意力不集中。他本来有的高级别的社交能力就表现不出来，只能处于
最低级别里做自我调节。所以，个体差异（I）是会影响社交发展（R）的。

（3）R（Relationship based / 以关系为基础的）

儿童与妈妈稳定的依恋关系，和谐的情绪互动，能让大脑分泌催产素等物质，
也能让大脑前额叶顺利工作，这时儿童展示出最高级别的社交能力，甚至发展出
高于最高级别的能力。

比如，一些不太会执行指令的孩子，在"高兴"时就会去执行一些指令；一
些平时家长觉得"认知比较差"的孩子，在高兴时或者自己喜欢的领域，又明明

展现出跟孤独症孩子不同的解决问题能力。这些偶尔展示出的"高级别"能力，事实上都是有据可循的。

所以，关系（R）是会影响社交发展（D）的，而且有非常关键的作用。在日常生活中，稳定和谐的情绪互动，好的依恋关系和足够的安全感，可以促进儿童情绪、认知的成长，也可以减少刻板行为。反之，过度的压力、惩罚、情绪剥夺会让大脑产生有害物质，也会让大脑中各个部分不能整合工作，很容易让儿童学得很慢，变得更刻板，更不与人交流。

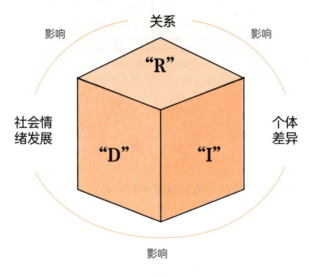

"D""I""R"是相互影响的

家长和康复师们如果要促进儿童的社交、情绪、认知能力发展，帮他们攀爬上社交互动的阶梯（D），就需要帮助他们获得更多成功的互动关系的经验（R），也需要了解和遵从他们的个体差异（小年龄需要干预处理）（I）。当以上条件得到满足，干预措施才能起到最大效果。

总的来说，DIR模式的建立基于上述三个观点，并以儿童能够达到的六个发展层次、个人信息加工能力状况，以及最有助于能力发展的互动关系为基础，由此发展出适当的干预方案。因此DIR的分析方法能帮助家长、教师及临床工作者为每一个孤独症儿童提供适合的评估和干预计划。

❷ 了解儿童的发展阶段

下表列出了基本的发展阶段，以及孤独症谱系障碍的婴幼儿在每个阶段所出现的最早期症状，此外也列出其他相关的症状。

孤独症谱系障碍婴幼儿的早期症状						
	共同注意和调节能力（开始于0~3个月）	参与及与人相处（开始于2~5个月）	有目标的情绪互动（开始于4~10个月）	持续的一连串双向情绪示意和共同解决问题能力（比如，共同注意）（开始于10~18个月）	产生新的想法（开始于18~30个月）	建立不同想法之间的连接：逻辑思考（开始于30~42个月）
与人相处、沟通和思考的基础能力	对于视觉、听觉、触觉、动作及其他感觉体验表现出稳定的兴趣和有目标的回应（比如，目光注视、头部转向声音）	与别人的亲密感和连接感逐渐增加（比如，开始出现欢快的眼神和笑容，并能持续）	出现不少双向互动，且附有情绪表情、声音、手势等，用来传达心中意向	运用许多持续的社交和情绪互动以解决问题（比如，拿玩具给妈妈看）	有意义地使用字词或者短句，且能与照顾者或者同龄人玩假扮游戏	富有逻辑性地将两种想法联系起来（"想要去外面，因为我想玩。"）
核心缺陷的早期症状	对于不同的视觉及听觉信息，缺乏持续的注意力	缺乏参与意识，或者只有瞬间的愉悦心情，没有持续的、有活力的参与和互动	没有互动或者只有简短的双向互动，且几乎没有主动性（比如，大部分只是被动回应）	无法主动发起并持续许多连续的双向社交互动，或者与别人交换情绪信号	无法表达，或者只是机械地使用词语（比如，大部分只是仿说听到的话）	没有语言，或者只是记住了台词式的词语，伴随一些随意的想法，而不是有逻辑地运用各种想法
相关症状	漫无目的或者自我刺激行为	自我沉迷或者退缩	没有互动或者只有简短的双向互动，且几乎没有主动性（比如，大部分只是被动回应）	无法主动发起并持续许多连续的双向社交互动，或者与别人交换情绪信号	无法表达，或者只是机械地使用词语（比如，大部分只是仿说听到的话）	没有语言，或者只是记住了台词式的词语，伴随一些随意的想法，而不是有逻辑地运用各种想法

该表描述了普通人群在每个发展阶段的典型特质、孤独症谱系障碍的症状以及相关的症状。

大龄儿童、青少年及成年的症状			
	注意力、参与力和情绪互动	持续进行有目标的社交互动及共享式解决问题能力，包括共同注意	以有创造性且有逻辑的方式使用各种想法	抽象和反省式思考
与人相处、沟通和思考的基础能力	积极地注意别人，愉快地与别人相处，并有主动与人互动的能力	为了找到某样东西，与别人达成共识，跟别人一起玩，或面对某个新挑战，能同时使用表情动作和/或语言，进行持续的社交互动，包括共同注意以及能读懂别人社交和情绪的意图	运用想法以了解及表达需求、愿望、意向或感受。这种能力常出现在年龄较大儿童或成人有意义的对话中。这种用逻辑联结各种想法的能力，使得假扮游戏或对话内容都变得有意义	使用较高层次的思考技能，包括提出多种理由以说明某些感受或事件，处理不同程度的感受或想法，反省自己或他人的想法或感受，并进行推论（提出合理的新结论）
核心缺陷的早期症状	以瞬间或时断时续的方式与人互动，或者干脆不参与、不与人互动	只能有很少的双向互动，且很少采取主动（例如，大部分时候只是回应），或根本没有互动	无法运用想法，或只能以片段或零散的方式运用想法（缺乏逻辑连接）	思考僵化且具体，缺乏敏锐性或对细微差别的辨别力
相关症状	以瞬间或时断时续的方式与人互动，或者干脆不参与、不与人互动	只能有很少的双向互动，且很少采取主动（例如，大部分时候只是回应），或根本没有互动	无法运用想法，或只能以片段或零散的方式运用想法（缺乏逻辑连接）	思考僵化且具体，缺乏敏锐性或对细微差别的辨别力

儿童的发展主要以六个基本阶段和三个高级阶段为标志，后面的阶段指的是青少年及成人的持续发展。

这个模式为我们更充分地了解情绪和智力之间的相互关联性提供了机会，大部分的认知理论并没有说明如何促进最高层次的反省式思考能力，因为它们忽略了情绪的作用，而情感体验在 DIR 理论中却占据了最重要的位置。

功能性情绪发展的每个阶段都需要同时掌握情绪及认知两种能力，比如婴儿用交换情绪信号来学习因果关系。

如果婴儿想要学习解决问题且看到相应的模式，那么他就必须参与跟父母之间的互动，按照先后顺序，具有情绪意义的想法（"我感到很伤心"）早于导致这一情绪的逻辑上的因果关系（"我感到很伤心，因为你不跟我玩"）。

针对情绪的发展阶段，我们接下来做一下简单的介绍。

儿童的发展阶段			
阶段一： 对周围世界的调节及兴趣	**阶段二：** 参与和人相处	**阶段三：** 意向及双向交流	**阶段四：** 社会性问题解决、情绪调节以及自我感的建立
这个阶段的重点在于"共享注意"，要以社会性的方式进行学习与互动，儿童从自己看到、听到、闻到、接触到的内容，在自己的动作方式中主动获取信息。	婴儿得到温暖的照顾，逐渐会对特定的人感到兴趣并产生感情，他的情绪也会多起来，儿童愿意和别人建立关系。	婴儿将近6个月大时，开始能将情绪转换成沟通的信号，为了促成这种转换，父母必须解读并回应婴儿的信号，同时也要求婴儿去解读并回应他们发出的各种信号，婴儿通过这些交换，开始参与双向的情绪示意或沟通。	婴儿在9~18个月的发展会有重大突破，这个阶段婴儿学会双向沟通，且利用此能力解决各类问题。①共享式的社会性问题解决。儿童已经学会有技巧的协商和与他人一起玩的能力。②调节情绪及行为。儿童学会用情绪示意或与父母的协商来调节各种强烈的情绪。③建立最早的自我感。界定出"我"和"你"，以自我感和他人感展开互动。

阶段五： 创造出象征符号，运用语言及各种想法	**阶段六：** 情绪思考、逻辑性和现实感	**阶段七：** 多种原因及三角思考	**阶段八：** 比较程度（grayarea），用情绪来区分的思考	**阶段九：** 逐渐成长的自我感，以及内在标准的反省
到1岁6个月左右的时候，儿童口部肌肉、声带及智力水平进步到可以运用语言表达自己的意思。赋予保存在脑海里的图像意义，与自己的情绪联结起来，用语言的方式表达自己的行为想法。	儿童在2岁6个月左右，以逻辑方式连接各种象征的能力逐渐提升，从而为思考和反思力的出现提供了可能性。如问妈妈："玩具呢？"或回答父母的询问："蛋糕在哪里？"时，回答："在这里。"	儿童从简单思考发展到能识别多种原因，比如朋友不想跟他玩，他不再只是断言"他讨厌我"，而可能会想"或许他今天想跟别人一起玩"或"他不和我玩可能因为我在玩踢足球，假如我玩别的他可能会过来一起玩"的多种原因分析。	在与同龄人相处时，当儿童理解并参与涉及各种不同因素的社会层次中，他们会以一种分等级的方式比较不同的感受，协商游戏规则。儿童在这个阶段已经具有妥协让步的能力，可以用新的方法解决问题。	儿童已经能够评价自己的经验，例如，他会说出"我比平常更高兴。"这个阶段的儿童也会进行推理，并能同时在一个以上的参考框架中思考。他们能从现有的想法中创造出新的想法。他们既会考虑未来，也会考虑过去及现在。

二、地板时光的目标及原则

1 地板时光的目标

地板时光主要有以下几个目标。

（1）建立亲密、信任关系

地板时光共有四个层层递进的治疗目标，第一个是建立亲密关系。地板时光通过成人与儿童的共同游戏促进儿童的成长和发展，在这个过程中，儿童需要建立与成人的亲密感，接受成人在游戏中的参与，并进一步喜欢上有成人加入的游戏。

为了建立与儿童亲密的关系，治疗师或家长需要做到以下几点。

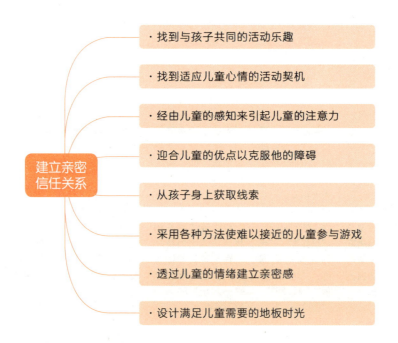

（2）形成双向沟通能力

双向沟通能力是比建立亲密关系更高一个层次的目标，一旦达成建立关系的目标，治疗师和家长就需要扩展治疗的范围，帮助儿童形成双向沟通能力。

形成双向沟通能力的途径可包括以下几点。

形成双向
沟通能力

- 通过面对面互动进行直接的沟通
- 通过复杂的姿势和动作进行交流
- 利用各种策略与不愿意沟通或者抗拒型的儿童交流
- 与同伴一同游戏

学会象征
性意义表达

- 采用象征性游戏并帮助儿童学会如何进行象征性游戏
- 通过游戏协助儿童在真实生活中表达自己的感情
- 扩展主题和情绪的范围
- 将行动表达情感转为语言表达情感

（3）发展逻辑智慧

地板时光治疗最后的目标是发展儿童的逻辑智慧。这是整个治疗中最高阶段的目标，在这个阶段中，治疗师或家长要帮助儿童以合乎逻辑的方式表达和表现自己的想法和感受。

这个阶段需要成人完成的事项有以下几点。

发展
逻辑智慧

- 完成象征性的沟通
- 建立观念之间的意义联系
- 在游戏中创造复杂的角色
- 帮助儿童掌握自我情感表达的逻辑

② 地板时光的原则

地板时光主要遵循以下几项基本原则。

地板时光的原则			
（1） 家长们抽出不受干扰的时间陪伴孩子	（2） 我们一定要保持耐性和轻松的心情	（3） 紧紧跟随儿童的带领和保持互动	（4） 训练者要与儿童的情绪状态产生共情并保持同步
每次的地板时光都需要持续 20～30 分钟，而在这段时间内，治疗师或家长都不能受到外界的任何干扰而停止或中断游戏	儿童的游戏或许是幼稚和枯燥的，但一旦治疗师和家长决定陪伴儿童，就必须确保自己的心情轻松愉快，而不带有被迫或不情愿的想法参与游戏之中。因为儿童能够从各种细节上了解成人是否愿意陪伴他	地板时光强调儿童在游戏中的主导地位，跟随儿童的带领和互动游戏并未否定治疗师和家长在游戏中的作用。恰恰相反，在儿童带领的游戏中，成人只要抓住儿童关注的每一个内容，都能找到干预和治疗的契机	理解儿童的情绪和想法是与儿童有效互动的基础，也是跟随儿童节奏进行游戏的必备条件。治疗师和家长需要随时关注儿童的情绪状态，并做出适时合适的反应
（5） 仔细觉察自身的情绪体验	（6） 慢慢调控自己的声调和肢体动作	（7） 注意调整活动以适应儿童的多层次发展	（8） 一定要避免伤害行为
知彼还要知己，治疗师或家长应当随时了解自身的情绪体验，并根据游戏的需要调整自己，避免负面情绪对整个游戏和儿童的不良影响	治疗师和家长的语气声调以及肢体动作是儿童窥视成人对自己态度的最佳途径。因此，治疗师和家长在游戏中要随时注意自己的声调和动作，要让儿童时刻体验到成人对他的支持和关注	儿童的发展是多层次多方面的，治疗师和家长可以在地板时光中，找到各种方式提高儿童在注意力、行为、语言、情绪等方面的发展	治疗师和家长要注意儿童的伤害行为，避免在游戏过程中儿童因为兴奋或者情绪的波动而产生自伤或他伤等行为

三、地板时光的操作步骤

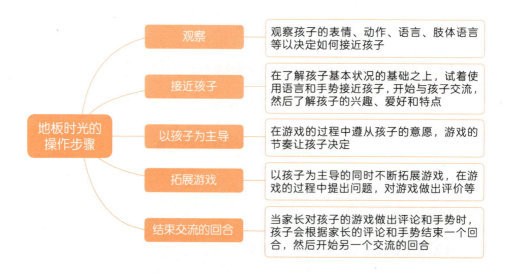

地板时光的操作步骤	观察	观察孩子的表情、动作、语言、肢体语言等以决定如何接近孩子
	接近孩子	在了解孩子基本状况的基础之上，试着使用语言和手势接近孩子，开始与孩子交流，然后了解孩子的兴趣、爱好和特点
	以孩子为主导	在游戏的过程中遵从孩子的意愿，游戏的节奏让孩子决定
	拓展游戏	以孩子为主导的同时不断拓展游戏，在游戏的过程中提出问题，对游戏做出评价等
	结束交流的回合	当家长对孩子的游戏做出评论和手势时，孩子会根据家长的评论和手势结束一个回合，然后开始另一个交流的回合

四、如何学习地板时光

地板时光不是说怎么样做是对的，怎么样做是错的，它指的是你和儿童不断学习的一个过程。跟随儿童的带领，而不是对儿童做的事加以评论或进行简单模仿，要以他感兴趣的事物作为基础，参与其中并跟他互动。

到底该怎么学习地板时光呢？

一开始你必须先观察一段时间，这样你才可能发现他真正感兴趣的是什么，从而利用他的兴趣诱导他想要和你一起玩。

森森喜欢玩车，她经常把所有车子排列成一行，然后取另一架车子在排列成一行的车子附近推行，并维持数小时也不减兴趣。妈妈曾尝试要求森森用车子"搭载"玩具熊或者把车子推去"加油站"，但每次森森都不作回应，继续自己的玩法。后来妈妈也拿来一辆车，模仿森森一起推车。刚开始，森森没有特别的回应，但是当妈妈的车子追不上森森的车子时，森森会将车子停下来，看向妈妈，示意她要快一点。接着，妈妈愉快地把车子推上前，继续跟在森森后面推车。过了一会儿，妈妈加入一些变化：故意用车子撞向森森的车，吸引森森回头看妈妈，然后冲她开心地笑。森森似乎不想妈妈的车子再次撞到她的车，于是加快推车的速度。过了不久，妈妈能开始跟森森一起玩追跑游戏，彼此间的互动增加了不少。

　　进行地板时光时，需要遵循一个重要原则：依据儿童当前的发展层次满足他的需求。作为父母，不要因为孩子无法按照大人期待的方式玩游戏而感到沮丧。我们需要帮助孩子，让孩子的行为更具有目标性，并且把他们正在做的事情看成是具有特定目标的。一开始先帮助他做他想做的事，然后再跟他一起想办法扩展。

　　例如，他正在玩纸飞机，忽然开始继续往前走，你可能需要看看他是否想要其他的玩具。如果你不确定，可以试着跟孩子一起建造一座机场。不要担心接下来怎么做，其实只要跟随孩子的节奏即可。其中，最重要的是你能否根据儿童的活动和兴趣做出更深入、更细致的延伸。

进行地板时光前的准备——家长自我分析

一、如何理解孤独症孩子

① 不要按照常规的社交技能理解他们

孤独症孩子难以理解和揣摩别人的心理，同大多数人的情感和感觉不同。从外界改变孤独症孩子的这种情感和感觉是不可能的。孤独症孩子无法理解与别人之间"早上好""你怎么样呀""天气真不错"等的寒暄语。

不要按照常规的社交技能理解他们

② 重要的事情用图片或文字表示

孤独症孩子对于别人的话语理解起来比较困难。尤其是很多事情一次性说给他听的时候，会造成混乱。与听到的信息相比，他们比较擅长利用图片或文字来理解信息。重要的事情请用小卡片画上图或写上字来告诉他。

不能很好地理解寒暄语

早上好。

重要的文字用图片表达

③ 冷静温柔地同他说话

孤独症孩子不擅长应对别人突然大声同他讲话等突发事件。请冷静、温柔地同他说话。还需注意的是，如果跟他说"不可以"，那么他会不知道应该怎么做，所以应该告诉他要做什么。

不行

冷静温柔地同他说话

太棒了！

④ 如果顺利完成什么事情的话要表扬他

如果遵守了约定、拜托他的事情他完成了，就表扬他"做得真棒呀"。这样做一定会减弱他的不安、会让他的心里感到安稳一些。

⑤ 在某种程度上接纳特有的动作

一直嘟囔同一件事、不停地转圈……当孤独症孩子重复同一个动作时，大多数时候这么做能平复不安的情绪，所以如果不是有危险或是损害自己和他人的动作，就从某种程度上接纳吧。

你真棒！

⑥ 回答他问题的时候要礼貌

虽然孤独症孩子不擅长对话，但是他们当中也有孩子一旦有喜欢的东西就非常想说一说的。所以如果有孤独症孩子与你说话或讲自己喜欢的事情时，在时间允许的情况下尽可能地倾听。请礼貌地回答他吧。

⑦ 把他们当作外国人来理解

情感、感觉、价值观互不相同，说话也很难互相听懂……按照第1点等所写的去与之接触，我们同孤独症孩子之间，就像是接触文化圈完全不同的外国人一样。孤独症孩子的世界里的"平常"同我们世界里的"平常"全然不同。有了这个认知，我们理解孤独症孩子就变得容易了。不把概念强加于他们，当作外国人的文化差异来理解，耐心而礼貌地同他们接触吧！

把他们当做外国人来理解。

二、如何照顾孤独症孩子

某个家庭有两个孩子，姐姐琳琳 12 岁，弟弟田田 6 岁。琳琳有轻度的孤独症，她最近变得越来越自卑，有抑郁的倾向。妈妈很无奈，软的硬的都试过了，琳琳很排斥，反而变得更加自闭，不愿和任何人沟通。当田田看到妈妈照顾姐姐时，他总是跑到妈妈的面前，试图引起妈妈的注意。面对这种情况，妈妈不知道怎么办，会因为一时的情急，责骂琳琳，但情况越来越糟。妈妈真的不知道该如何同时照顾好两个孩子。

5 岁半的小强，日常表现为性格内向，行为刻板，自我封闭，语言交流存在障碍，不听指令。2 岁时被医院诊断为孤独症。通过日常的观察可发现，小强存在自伤行为。例如某次和哥哥进行拼图比赛，输给了哥哥，然后开始发脾气，动手打哥哥，家长立即进行制止并训斥了他，结果导致小强用头部不停撞墙，在日后的生活中更是频现自伤行为。

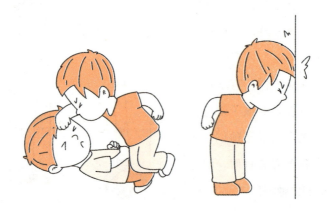

我们建议家长在照顾孤独症孩子时，可以采取以下方法。

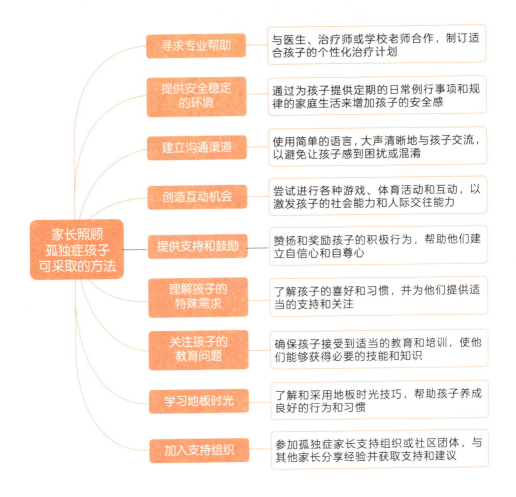

三、家长应当学会进行自我建设

养育孤独症孩子经常会面临许多困境和一些特别要求，因此需要花费更多的精力才能将孩子引入建设性的发展方向。孤独症康复的特殊性在于功能训练要生活化，时间保证需要持续化，情感启发要潜移默化，这些都决定了家庭、家长是最好的"学校"和"老师"。家长应当学会进行自我建设，具体方法包括以下方面。

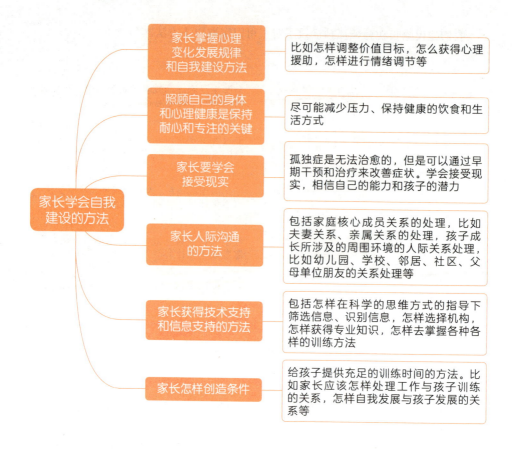

家长掌握心理变化发展规律和自我建设方法	比如怎样调整价值目标，怎么获得心理援助，怎样进行情绪调节等
照顾自己的身体和心理健康是保持耐心和专注的关键	尽可能减少压力、保持健康的饮食和生活方式
家长要学会接受现实	孤独症是无法治愈的，但是可以通过早期干预和治疗来改善症状。学会接受现实，相信自己的能力和孩子的潜力
家长人际沟通的方法	包括家庭核心成员关系的处理，比如夫妻关系、亲属关系的处理，孩子成长所涉及的周围环境的人际关系处理，比如幼儿园、学校、邻居、社区、父母单位朋友的关系处理等
家长获得技术支持和信息支持的方法	包括怎样在科学的思维方式的指导下筛选信息、识别信息，怎样选择机构，怎样获得专业知识，怎样去掌握各种各样的训练方法
家长怎样创造条件	给孩子提供充足的训练时间的方法。比如家长应该怎样处理工作与孩子训练的关系，怎样自我发展与孩子发展的关系等

左侧主标题：家长学会自我建设的方法

四、如何促进家人之间的关系

1 良好的亲子关系

养育孤独症孩子的家长需要特别的耐心、关心和理解，同时也需要与孩子建立良好的亲子关系。例如家长可以采取的方法有：不要对孩子的想法和感受做假设，采取积极的态度，关注孩子的兴趣，为孩子的成就感到骄傲等，帮助促进与孩子的关系和家庭和谐。

2 亲密的夫妻关系

在养育孤独症孩子的过程中，如果夫妻之间出现问题（或者即使没有问题），两个人都应该找出时间单独相处，重新感受婚姻关系的亲密。

③ 平等的兄弟姐妹关系

与此同时，一个家庭中可能不止一个孩子，孤独症孩子的兄弟姐妹也容易出现嫉妒或者怨恨之类的情绪反应，因为通常孤独症谱系障碍儿童会得到更多的关注，家长容易忽视其他孩子的感受。

孤独症孩子的兄弟姐妹容易出现的问题	因为家人有问题而感到焦虑或者忧愁
	年龄小的孩子会担心自己也出现这种问题，变成孤独症
	兄弟姐妹中，特别是年龄大一些的，会因为特别保护孤独症谱系障碍的弟弟或妹妹，压抑自己的正常的合乎年龄的兄弟姐妹间的竞争需求

如果家中的孤独症谱系障碍儿童有哥哥姐姐，父母可以指导这些年龄较大的儿童学会如何开启和结束沟通循环。哥哥姐姐们可以学习如何进行地板时光。几个星期后，他们很可能成为一个自发性的玩伴，可以陪伴孤独症谱系障碍的弟弟或妹妹。

作为家长要协调好孩子们之间的关系，多安排些家庭时间，让家庭中的每位成员都感觉到自己是团队中的一分子，大家共同面对困境与挑战。

如何进行地板时光——如何进行（创造环境）

一、从家庭优先开始

"家庭优先"的目的主要在于强调并支持父母在儿童发展过程中所起的最重要的作用。

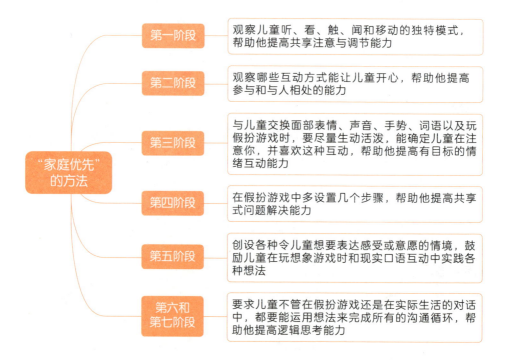

"家庭优先"的方法	第一阶段	观察儿童听、看、触、闻和移动的独特模式，帮助他提高共享注意与调节能力
	第二阶段	观察哪些互动方式能让儿童开心，帮助他提高参与和与人相处的能力
	第三阶段	与儿童交换面部表情、声音、手势、词语以及玩假扮游戏时，要尽量生动活泼，能确定儿童在注意你，并喜欢这种互动，帮助他提高有目标的情绪互动能力
	第四阶段	在假扮游戏中多设置几个步骤，帮助他提高共享式问题解决能力
	第五阶段	创设各种令儿童想要表达感受或意愿的情境，鼓励儿童在玩想象游戏时和现实口语互动中实践各种想法
	第六和第七阶段	要求儿童不管在假扮游戏还是在实际生活的对话中，都要能运用想法来完成所有的沟通循环，帮助他提高逻辑思考能力

① 找到共同的活动乐趣

在与孤独症儿童互动时，应该有针对性地选择吸引他们注意的玩具，从一开始就融入他们的世界并建立密切的接触。通过共享有效的交往体验，逐渐延长互动和分享的时间，并提升交往的复杂程度和心理卷入的水平，以此为基础建立牢固的互动关系。避免随意发起交往活动，确保与孤独症儿童的互动是有目的、有效的。

例如，经过多次试探和观察，妈妈注意到 3 岁的木木喜欢与她一起唱歌和跳舞，于是，妈妈便利用这种身体动作的交流方式，与孩子建立亲密的母子关系，帮助孤独症儿童享受互动带来的乐趣，并逐步学习社交技能。

一闪一闪亮晶晶……

② 找到适应儿童心情的活动契机

在与孤独症儿童互动之前，首先需要观察孩子的情绪状态，并帮助孩子维持平静、快乐的情绪。了解哪些感觉刺激能够让他们从过度兴奋、焦虑或退缩的状态中平静下来，例如某种特定的接触方式（如拥抱）、某首歌曲、某种声调或者特殊的身体动作等，这些都可能成为有效交流的契机。

③ 发挥儿童的长处，并协助他克服障碍

如果孤独症儿童对视觉线索敏感，父母可以利用丰富的面部表情和肢体动作来吸引他们。然而，由于他们可能存在动作规划方面的难题，例如不能形成一连串动作的连接，在交往活动中可能无法有效地回应，这并不是缺乏兴趣所致。我们可以分解动作，将其分成若干步骤，并逐步引导孩子熟悉每个分动作，最终帮助他们成功完成交往活动。

④ 从儿童身上获取线索

与孤独症儿童一起参与他们喜欢的游戏或活动，让他们感受到父母或治疗师是一个好的玩伴，并在他们的活动中体验到愉悦的感觉。尽可能靠近孩子，坐在他们身边，通过各种方法加入他们的活动，例如当孩子在排列玩具时，父母可以帮助递给他们玩具，让他们感受到父母的存在并提升交往的积极性。

⑤ 改变行为固有性和刻板性的策略

要改变孤独症儿童的刻板行为，需要先了解这些行为给孩子带来的安全感、控制感和自我刺激。如果孩子无法参与到与他人的互动中，他们可能更依赖自己的行为。直接制止或转移注意力往往是无效的。相反，父母可以通过孩子的固着行为发现他们的兴趣，并帮助他们进入互动关系。

例如，当妈妈发现木木沉浸在重复擦地板的行为中时，她试图与木木互动，但没有效果。于是妈妈将手放在木木要擦的地方，木木推开了妈妈的手并抱怨，从而开始互动。妈妈不断变化互动方式，让木木将互动视为游戏，并逐渐打破刻板行为，最终培养出参与互动和享受人际关系的能力。

二、与同龄人相处

一周可以安排 4 次以上与同龄人一起玩的游戏时间，这样便于孩子学习与同龄人相处。如果孩子的兄弟姐妹和同龄人都在一起，家长可以尝试安排团体的地板时光。具体可以这样做。

我找不到能单独陪亮亮进行地板时光的机会，因为亮亮的妹妹总是跟在旁边。

你可以利用这个机会，训练亮亮如何与同龄人相处。

（1）轮流让每个孩子担任领导者，这样能激发没有障碍的儿童参与进来，也增加了所有孩子跟父母一起相处的时间。

（2）领导者有权选择玩具或某个活动。

（3）家长要尽可能将其他儿童带入互动当中。例如，如果孤独症孩子担任领导者，但他一直安静不动，大人可以说："好，我们来玩木头人游戏。"接着喊出指令"一二三，木头人，一不许动，二不许笑，三不许露出小白牙。"

（4）如果孤独症孩子要逃离这个活动，可以和其他人一起围成一个小圆圈，套住他。同时告诉他："你如果想出来，可以抬高我们的手臂。"如果他尝试这样去做，家长可以轻微抬起手臂，让他很容易做到，这样他会感觉很有意思，其他孩子也会感到非常愉悦。

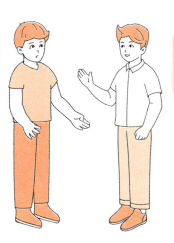

如何增强孤独症孩子与其他兄弟姐妹间的互动呢？

可以尝试让兄弟姐妹成为孤独症孩子的小帮手，他有什么需要，都由兄弟姐妹去帮忙。

这么做不仅可以增进孩子之间的情感，也会让孤独症孩子认识到跟别人一起玩比自己一个人玩有趣多了。

总之，在地板时光训练中，需要为孩子创造一个安全、舒适的环境，并通过适当的引导和指导帮助其与同龄人相处。需要根据孩子的需求和进展情况灵活调整训练计划，并与相关人员密切合作，共同促进孩子的社交交往和沟通能力的发展。

三、在不同场合进行地板时光

在不同场合进行地板时光训练，可以帮助孤独症孩子将社交技能应用到实际生活中，提高他们的自理能力和社交交往能力。以下是一些在不同场合进行地板时光训练的建议。

（1）在家中：在家中进行地板时光训练可以帮助孩子适应家庭环境，并与家人建立亲密的关系。可以选择孩子喜欢的活动，例如玩具、绘画、音乐等，与孩子一起参与互动。

爸爸给小强洗澡时，进行了地板时光训练。因为小强非常喜欢玩水，爸爸选了许多适合放在浴缸里玩的玩具，有小鸭子、小船、球等，小强还喜欢从澡盆里往外泼水，让水花飞溅出去，爸爸把肥皂递给小强，小强喜欢这块滑溜溜的肥皂，又用肥皂给小鸭子洗澡。

（2）在公共场所：在公共场所进行地板时光训练可以帮助孩子适应社会环境，并与其他孩子建立联系。可以选择安全的公共场所，例如公园、儿童游乐场等，在这些场所中让孩子自由选择活动，并鼓励其与其他孩子交流和互动。

在超市里，爸爸和小强正进行地板时光训练。小强喜欢坐在手推车里四处逛，还不断地指挥着爸爸要把车子推到哪里。爸爸鼓励小强用手指，或发出声音告诉爸爸，他想走哪条通道，并用手势指出想要从架子上拿哪个货品。爸爸让小强从架子上拿起一瓶水，然后又要求小强把这瓶水放回原处。小强轻轻晃了下瓶子，觉得非常有趣。

（3）在学校或治疗机构：在学校或治疗机构进行地板时光训练可以帮助孩子适应学校或治疗机构的环境，并与老师、治疗师建立联系。可以选择一个安全、舒适的区域，在这里让孩子自由选择活动，并与老师、治疗师进行互动和交流。

总之，无论在哪种场合中进行地板时光训练，都需要为孩子创造一个安全、舒适、灵活的环境，并鼓励其与他人进行互动和交流。需要根据孩子的需求和进展情况灵活调整训练计划，并与相关人员密切合作，共同促进孩子的社交交往和沟通能力的发展。

四、将日常生活纳入地板时光

将日常生活纳入地板时光，可以帮助孩子更好地将所学的社交技能应用到实际生活中。以下是一些具体的建议。

（1）利用日常生活活动进行互动

针对儿童感兴趣的某件事或日常生活必须要做的事，我们可以跟他解释为什么要做这些事。

豆豆坐在餐桌旁，看着饭菜，爸爸没有主动给她夹菜，先问她说："豆豆，你想吃点什么呢？"豆豆用手指向一盘菜。爸爸继续问豆豆："是不是不喜欢这道菜？

还是想要尝试其他的食物？"豆豆说："爸爸，吃这个。"爸爸接着说："我知道了，让我们一起把它吃光吧！"

爸爸询问小强去海边玩还是去爬山，需要准备哪些东西，让他自己准备一个包，装他想带的物品。在小强装物品的过程中，爸爸问他："去海边玩，要用什么防晒呢？如果我们玩沙子，需要带哪些玩具？中间我们玩累了，饿了怎么办？渴了怎么办？"通过这些问题，帮助小强挑选需要带的物品并装好包。

如果孩子具备语言表达能力，家长可以试着告诉孩子为什么要带某件物品，这样他不仅能记住去海边需要带什么，还能说出为什么要带这些物品。此外，这个方法也可以应用到其他地方，如问他准备好去上学了吗？准备好去图书馆了吗？

（2）创造情境模拟：在地板时光中，可以模拟一些孩子在日常生活中可能遇到的情境，例如与其他孩子玩耍、去医院看病等，并与他们进行互动和角色扮演。

豆豆经常被人称为"胆小鬼"，因为她总是害怕与其他孩子玩耍。每当有人邀请她参加游戏或活动时，她总是会退缩并躲在角落里。

为了帮助豆豆克服这种情况，她的家长和治疗师一起为她创建了一个地板时光模拟场景。

在地板时光的情境模拟中，豆豆可以进行角色扮演并与其他人互动。比如在去医院看病的情境中，豆豆可以扮演患者、医生或家长等不同的角色，并通过和治疗师及家长的互动，了解医院环境、医生的工作内容以及患者需要做些什么等。

此外，豆豆也可以扮演一位年轻的患者，与治疗师和家长互动，学习如何在医院中接受检查和治疗。治疗师可以指导豆豆如何配合医生的诊断和治疗，并向她解释医疗设备的用途和功能。家长则可以在旁边给予豆豆鼓励和支持，让她感受到安全和保护。

这种角色扮演使得豆豆在医院看病时感到更加轻松和舒适，因为她已经学会了如何应对新环境和陌生的人。豆豆也学会了如何在日常生活中与其他孩子交往和玩耍。她不再害怕参加游戏或活动，反而变得更加自信和开朗。

（3）将学习成果应用到日常生活中：当孩子学会了某项社交技能后，在日常生活中尽量给予机会让他们应用这些技能，例如在公园里与其他孩子交流、去超市购物时与售货员交流等。

总之，在地板时光中将日常生活纳入训练，可以更好地帮助孩子将所学的社交技能应用到实际生活中，并增强他们的日常生活自理能力和社交能力。

五、在学校进行地板时光

在学校里实施地板时光需要考虑到孩子在学校的日程安排和学业任务，同时还要协调好教师、治疗师、家长等多方面的资源。以下是一些可以帮助在学校中实施地板时光的建议。

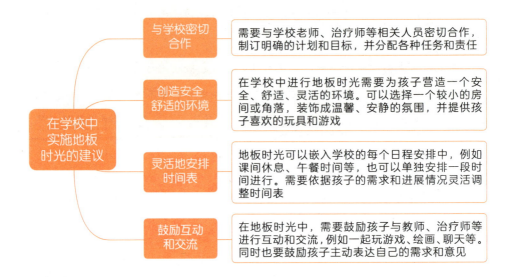

总之，在学校中实施地板时光需要多方面的协调和支持，以便为孩子提供一个安全、舒适和可控的环境，促进他们的社交交往和沟通能力的发展。

带孩子进入共享世界（注意力、参与能力）

一、参与及参与的技巧

1 参与的作用

（1）参与能帮助孩子感受到信任、亲密和温暖，也是社交和情绪发展的开端。例如，孩子通过用面部表情、声音和手势等方式向父母示意，从而学习因果关系和逻辑性，即了解事情发生的原因以及如何发生。在这个过程中，他们需要与父母进行互动，等待父母的反应，通过参与来获得学习经验。

小刚是个孤独症患者。在前语言阶段中，他极度孤独，在与人交往时感到非常焦虑和不安。然而，由于家长的耐心和爱，小刚开始接受专业的治疗，并逐渐学会了与人沟通和相处。虽然他还是有固执、自我刺激等问题，但他现在已经可以享受到朋友和亲人带给他的快乐。

有一次，小刚参加了一个社交活动，他向其他孩子们介绍了他最喜欢的电影，并邀请他们一起看。尽管其他孩子们开始时并不懂得如何与他沟通，但他们渐渐地找到了与小刚相处的方法，一起欣赏电影的过程中，小刚也变得更加开朗和自信。这种共享世界的体验让小刚从孤立中走出来，也为他以后的成长奠定了基础。

（2）参与能够帮助孩子进行自我调节情绪，这有助于他专注于主要照顾者。当听到父母温柔的声音时，过度兴奋的儿童可以逐渐平静下来；看到父母友好的面容

时，不开心的儿童可以感到安慰。一旦孩子学会在熟悉的环境中专注于亲近的人，最终他也能够学会专注于陌生人。

（3）参与为孩子的行动提供了目的或方向感。例如，当孩子与××建立了关系，他会想要跟着××一起玩，而不是做些不知所措的事情。这时，他会尝试去抓××的发卡或拿到××藏着的球，让自己更有乐趣和成就感。通过建立关系获得的愉悦和满足，能够让孩子更加有目的地、更加谨慎地行动。

（4）孩子在参与时也会产生沟通的愿望。例如孩子牵着妈妈来到文具店，边指着架子边发出"嗯，嗯，嗯"的声音，用动作催妈妈给他买橡皮。

（5）参与有助于儿童正确理解人和物在空间中的位置关系。当父母在房间里走动时，孩子的目光会跟着他们移动。这种空间认知能力有助于孩子理解离开房间后的另一侧是哪里，以及找不到玩具时去玩具盒寻找的可能性。

② 参与的技巧

让孤独症孩子参与进共享世界可以采用以下技巧。

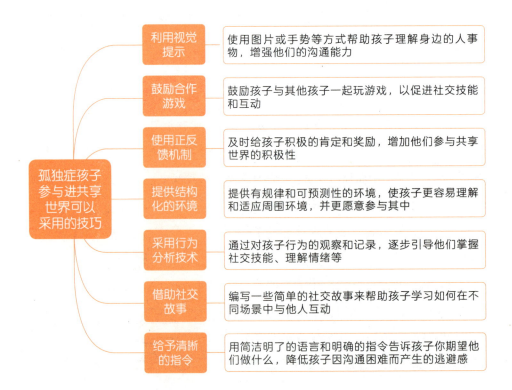

二、跟随孩子的带领

怎么才能参与进入孩子的世界呢?

可以先观察孩子的兴趣点落在哪里,然后跟随他的带领。

　　小军总是喜欢在地板上搓同一个地方,他似乎对这个地方有着特殊的情感连接。当有人接近他时,他会把手移开,好像在保护自己的领域。治疗师尝试与他建立联系,但一开始并没有成功。于是,治疗师改变策略以缓慢的速度向小军靠近,每次只移动三厘米左右,让小军慢慢适应他的存在,直到小军对他产生了困惑的表情。治疗师试图以最缓慢的速度将手放在小军正在搓的地方附近,但小军又把手移开了。治疗师观察到小军的表情和动作,并试图回应他的情绪,以增加彼此之间的互动和联系。小军最终发现了治疗师的存在,并开始发出有节奏的声音。治疗师也加入进去,并跟随小军的节奏一起搓动地板。随着时间的推移,小军开始从原来的不信任逐渐变得愉快,小军也试图接近治疗师并挑战他,让他们进入一个小小的游戏中。随着这个过程不断重复,小军的社交技能也逐渐得到了提高。

三、戏谑式的干扰

戏谑式的干扰是指吸引儿童进入共享世界时，需要创造性地吸引他们的注意力并了解如何让他们参与活动。这种方法是通过成为儿童游戏中的一个玩耍对象来介入儿童和他们想要做的事情之间，从而促进他们更好地参与活动。

小轩是一名11岁的孩子，他被诊断患有孤独症。在一次治疗中，小轩只重复着不停地数数，完全不理会治疗师和他的父母。治疗师先静静观察了他一段时间，然后把手放在小轩数数的本子上，在他数数时轻轻翻动本子。小轩并没有太大反应，但治疗师坚持下去。逐渐地，小轩开始注意到治疗

师的存在，并用眼神示意他停止翻动本子。治疗师依旧缓慢而耐心地与小轩互动，逐渐地小轩开始出现一些表情和动作。最后，小轩学会了说"别打扰我"，并且脸上浮现出微笑，因为他掌控着自己数数的过程。治疗师通过参与小轩无意义的行为，逐渐帮助他建立目标导向的互动，并赋予有意义的语言表达。

四、注重孩子的感觉与动作

（1）可以通过记录孩子听、看、触摸、闻及动的独特模式，了解他们神经系统的运作方式，并更好地理解他们对于外界刺激的反应和处理方式。例如，有些孩子可能会对某些声音或视觉图像表现出过度敏感或厌恶，而其他一些孩子则可能对相同的刺激缺乏反应。同时，由于孤独症儿童在感知和信息处理方面存在缺陷，他们的行为模式和动作习惯往往也与常人不同。因此，记录孤独症孩子的感知和行为模式，有助于我们更好地识别他们的优点和障碍，并为他们提供个性化的干预和支持。

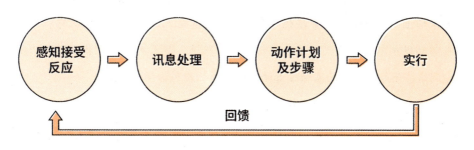

孩子感觉、认识及回应外界的回馈循环

孩子从身上的感觉器官接收各种来自外界的信息。大脑的中枢神经会对接收到的信息进行处理及解释，然后计划如何反应及把计划实行。经过这个过程，孩子得以感觉、认识及回应外界的刺激。顺利运作的生理系统能产生一个连续性的回馈循环，使孩子能不断又自如地应付外界的各种信息和刺激，顺利地与外界互动。

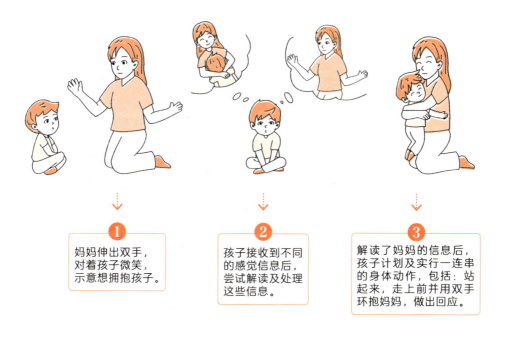

1 妈妈伸出双手，对着孩子微笑，示意想拥抱孩子。

2 孩子接收到不同的感觉信息后，尝试解读及处理这些信息。

3 解读了妈妈的信息后，孩子计划及实行一连串的身体动作，包括：站起来，走上前并用双手环抱妈妈，做出回应。

小米是一个6岁的孩子，被诊断患有孤独症。他的家长注意到小米对于某些刺激表现出反应迟钝或过度敏感的情况。例如，无论是在安静的教室还是在嘈杂的游乐场上，小米都会经常捂住耳朵，并且对其他人说话的声音不敏感。此外，小米对触摸也不太喜欢，不愿意穿新衣服和鞋子，甚至对毛绒玩具也不感兴趣。考虑到这些问题，小米的家长带着他去见了一位儿科神经学专家。

专家为小米进行了听力、视力和感觉处理方面的测试，并记录了他对不同刺激的反应模式。结果显示，小米的听觉和触觉处理存在问题。他对于某些高分贝和尖锐的声音产生了很强的反应，而对于某些正常音量的声音并不敏感。在触觉方面，小米对特定的纹理和手感有着明显的偏好，其他的则让他不适或者不舒服。通过这些测试，家长和专家们更全面地了解了小米的神经系统运作方式，为他提供更有效的治疗和支持。例如，小米的家长可以减少他接触某些会引起不适感觉的物品，并且通过其他方式来刺激他的感官，以促进他的感知和认知发展。

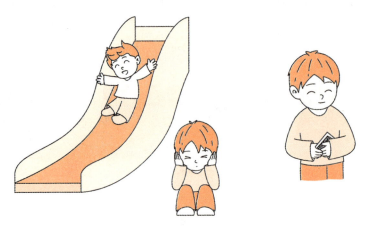

（2）要了解孩子是如何理解感觉刺激的。孩子在感觉刺激方面的理解通常涉及他们对不同感官体验的认知，如视觉、听觉、触觉等。此外，孩子对感觉刺激的反

孩子是如何理解感觉刺激的

应也可能与他们的发展阶段和经验有关。因此，我们需要深入了解儿童感官发展和行为，才能更好地理解他们如何理解感觉刺激，并为他们提供适当的支持和教育。例如，上页右图中的小女孩感觉系统反应过弱，她不能有效接收周围的声音、气味、视觉等刺激，也不能注意到身边的人、事和物件，即使脚下踩着玩具也察觉不到。

小红是一个6岁的孩子，被诊断患有孤独症。她常常会表现出情绪不稳定和过度敏感。例如，在和其他孩子一起玩耍时，当其他孩子的笑声变得尖锐刺耳、玩具碰撞发出响声或者某些气味渗透到她的鼻孔中时，小红经常会哭泣或者退缩。

为了更好地了解小红的感官理解方式，妈妈决定帮助她记录她对于不同感觉刺激的体验。她在日记本上记录各种刺激对于小红产生的感受和情绪反应。例如，当听到高分贝的声音时，小红感觉头痛且不舒服；当闻到海水的味道时，她感到愉悦和放松；当摸到多毛的衣物时，她会觉得皮肤痒痒的。

通过这些记录，小红的妈妈更全面地了解了她的感官处理方式，并且为她提供更加个性化和有针对性的支持。例如，在到达新的场所之前，妈妈可以提前告诉小红要到新的场所并告诉她可能会遇到感到不适的声音、气味和触感，以减少她面对未知情境时的焦虑感。

（3）孩子在如何理解自己看到的事物方面存在着个体差异。例如，在观察一个对象时，有些孩子可能更容易注意它的形状、大小或特定的细节，而其他一些孩子则可能更关注对象的颜色和质地等方面。此外，由于孤独症孩子在社交能力和情感交流方面存在缺陷，他们对视觉信息的理解和处理方式往往与常人有所不同。例如，他们可能较少关注人脸表情和眼神等重要的社交信号，而更倾向于对周围环境中的非社交元素进行观察和探索。因此，在教育和干预过程中，我们需要充分考虑这些差异性，并采用相应的方法和策略，帮助孩子正确理解自己所看到的事物，并促进其认知和发展。

小丽和小米是同龄的朋友，他们一起去公园玩耍。在公园里，他们看到了一个气球卖家，小米立刻兴致勃勃地跑过去要买个气球，而小丽则不太确定自己是否喜欢这个气球，并且询问了妈妈的看法。

这种情况表明，孩子在理解自己看到的事物上存在着个体差异。小米可能对气球的鲜艳色彩和可爱形状产生了强烈的视觉吸引力，而小丽则更加谨慎，需要认真评估气球是否符合自己的兴趣和需求。这种个体差异可能与孩子的性格、成长背景、经验以及神经系统的发展有关。因此，家长需要尊重孩子的个性化表达方式，给予孩子足够的探索和选择的空间，并提供支持和指导，帮助他们建立健康、积极的认知和感知模式。

（4）通过观察孩子做游戏，来评估孩子动作计划技能的水平。例如，动作计划有困难和未发展假想意念的孩子，不懂得如何跟其他孩子一起用沙堆堆砌城堡，因此常常独自玩一些简单及重复的堆砌活动。

（5）要确定孩子能够参与的活动类型，考虑孩子的能力已经达到哪个层次。例如，对于一些高功能孤独症儿童，他们可能具备较好的语言和认知能力，适合进行语言交流和智力游戏等活动；而对于一些低功能孤独症儿童，他们可能存在明显的沟通障碍和行为问题，需要更多的关注和支持。此外，孤独症孩子在感官处理方面也存在差异，有些孩子可能更喜欢感官刺激强烈的活动，如摇滚音乐会或运动比赛，而其他孩子则可能更喜欢安静、亲近自然的环境，如园艺活动或户外探险。因此，在为孤独症孩子设计活动时，需要充分考虑他们的个性化需求和特点，以促进他们的自我发展和成长。

毛毛喜欢玩"建立城堡"的游戏，但他只会完成一个简单的步骤——把方块放在一起。爸爸从最简单的开始，先给毛毛两个方块，告诉他要把它们放在一起，形成一个小房子。当毛毛掌握了这个步骤后，再逐步增加难度，比如增加方块的数量，或者让毛毛学习如何用不同形状的方块建立更复杂的结构。爸爸还通过扮演角色，比如扮演城堡里的国王或皇后，给予毛毛更多的激励和挑战。

家长和治疗师如果能了解孤独症孩子特殊的个体模式，就能更有效地进入他们的世界。

五、围绕孩子的兴趣和乐趣

豆豆喜欢玩"躲躲猫"游戏。豆豆的爸爸正做出好笑的鬼脸或发出滑稽的声音，而此时豆豆也在注视着爸爸，爸爸拿出一块方巾遮住自己的脸，豆豆走过来把方巾拿开，方便看到爸爸的脸，然后等待着爸爸做出下一个动作。围绕孩子的兴趣做游戏，容易增进彼此之间的情感。

嘟嘟的妈妈每次靠近他，他都会强烈地躲避且掉头走开，嘟嘟的妈妈心想："没关系！走开似乎总能给他带来一种乐趣，那我就从这里着手。"嘟嘟的妈妈决定采取渐进式暴露法来缓解他对亲密接触的恐惧。她开始每天利用嘟嘟喜欢的活动，比如说一起玩乐高积木或者画画，来增进他们之间的情感沟通和信任。同时，妈妈也逐渐将自己靠近嘟嘟的距离拉近，让他渐渐适应并放下戒备心理。经过几周的努力，嘟嘟慢慢接受了妈妈的亲密接触，并展现出更多的情感表达能力。这个过程需要耐心和细心，但是如果持之以恒地坚持下去，会带给嘟嘟和他的家人更多的幸福和亲密关系。

对于孤独症孩子来说，一旦体会到与别人互动的乐趣之后，他们都会乐于并且自然而然地开始寻求更多的互动机会。可能刚开始的第一周或第一个月比较困难，之后会越来越好，家长一定要有耐心，坚持下去就会收获不一样的亲密关系。

促进双向沟通（语言表达能力）

一、认识前语言沟通

① 什么是前语言阶段

　　3 岁的朵朵，被医生确诊为孤独症谱系障碍。为了帮助孩子提升语言技能，朵朵妈妈天天和朵朵说个不停，来和朵朵进行"沟通"。可是，朵朵好像根本就注意不到妈妈，始终沉浸在自己的小世界中。

对于朵朵这种状态的孩子，家长该如何引导呢？我们建议，家长应先帮助孩子们获得前语言阶段的技能，然后再进行其他技能的指导。

　　很多家长认为，沟通就是言语的交流，孩子学会了说话，就能和身边人进行交流，才能表达自己的想法和需求。那么，事实果真如此吗？

　　我们先来看看沟通是如何产生发展的。沟通出现在生命最早的时期，首先是轻轻地点头、微笑以及发出呵呵声，然后发展到包括声音、动作、微笑和皱眉等动作在内的丰富对话，所有这些都发生在出现任何有意义的话语之前。因此，沟通始于使用表情和动作的前语言阶段。

② 沟通不仅仅是掌握语言

等语言出现之后，这种表情动作或者相互示意的能力发展速度要比语言表达能力的发展快很多，其形式也比语言转换更复杂。随着孩子语言表达能力的发展，前语言或表情动作的能力也都在同时继续发展。很多时候，人们不用说话，只要一看面部表情，听他说话的声调，我们就能判断出这人是高兴还是愤怒。

> 前语言阶段可以称之为儿童语言技能发展的基础。

面部表情、声调、身体姿势和动作，这些都成为人们沟通交流的工具。

不论儿童是否会说话，是不是孤独症谱系障碍儿童，都需要别人帮助他们获得前语言阶段的技能。掌握前语言阶段的技能，不只是对培养沟通能力有重大意义，同时也是发展社交和情绪能力的关键。如果儿童不能解读并回应社交信号，比如面部表情、动作、身体姿势等，就无法知道该做什么和什么时候去做。

以朵朵为例：朵朵的语言能力差，家长不必急着教会孩子去说，朵朵妈妈平日里可以多运用眼神、声音、声调或手势等方式，来和朵朵进行沟通。

千万不要忽视了表情和声调。因为和语言信息相比，多数人对前语言信息的信任程度会更高。家长们可以多运用表情和声调，把自己对孩子的关心、接受和爱传递给孩子。朵朵喜欢抱抱，那么妈妈可以给孩子一个开心的笑容，伸出双手，并用温和的声音和孩子说"朵朵，妈妈爱你！""朵朵，妈妈喜欢你！"诸如此类的话。虽然朵朵还不理解"爱"的意思，但是妈妈的姿势、表情和温暖的语调已经让孩子感受到了爱，孩子会慢慢领会到爱的真正含义。

通过表情动作的沟通，孩子一样可以学会社交和情绪的能力，孩子还可以将这种能力泛化，能够读懂其他人发出的社交信号！

在孩子说话之前，我们要增加孩子与外部世界的沟通互动经验。比如说，我们教孩橘子，那么我们可以拿一个橘子，指给孩子，递给孩子，如果他喜欢滚动，那我们可以和他一起滚橘子，等孩子不乐意玩了，我们可以给他洗好橘子，给他吃，一系列的互动，会让孩子学会橘子，并让橘子这个词语对孩子产生意义！

3 前语言沟通的行为

前语言沟通包括孩子和你的眼神交流、肢体语言表达和咿咿呀呀用来沟通的发声。它的出现是社交和语言最好的教育时机。作为家长，应当捕捉和回应孩子发起的每一次沟通。

具体如何回应，要基于对孩子沟通意图的判断。无论是语言沟通还是前语言沟通，人们的沟通目的通常有两大类。

1）发出要求：如要求得到一些东西，要求去或不去一个地方，要求大人帮助或自己做等。

2）表达描述和评价：如表示喜欢或不喜欢一件东西、描述或示意他看到的、学到的等。

（1）用手指、把东西拿给你看

沟通意图：这两种行为都可以翻译为"妈妈，看！"这时候孩子只是想要你的注意，然后和你交流他们的发现，不一定是想要某个东西。因为通常孩子表示想要的时候，会把五指张开。

回应方式：一边用手指，一边说出它的名字，比如顺着孩子手指的方向说"公交车！"如果孩子感兴趣，可以继续沟通孩子可以感知到的、所见事物的特征，比如"公交车开得很快！"或者"棒棒糖，棒棒糖在口袋里"等。

（2）一边摸某件物品一边看你

沟通意图：表达和交流感知经验。

回应方式：描述他的行为和感知经验，如"玩具熊！玩具熊软软的。"注意语速要慢。如果他感兴趣，可以继续和他互动，如："摸摸玩具熊的肚子，摸摸孩子的肚子，摸摸玩具熊的脸，摸摸孩子的脸！摸摸玩具熊的手，摸摸孩子的手……"等。

（3）递东西给你

沟通意图：要求一起玩或者一起吃。

回应方式：问"给我吃吗？"然后接受孩子的好意，并表示自己的喜好：如"谢谢，我很喜欢香蕉！"或者"谢谢，但是妈妈暂时不想吃。"接受和表示"谢谢"是认可和鼓励孩子的分享行为，有助于他再次分享。而后半句可以让孩子意识到，妈妈的喜好和想法可能和我不一样。

（4）咿咿呀呀地讲话

沟通意图：描述或评价。

回应方式：

1）重复孩子说的发音或者词。

2）根据孩子要表达的意思，说出相应发音对应的词。比如孩子说"ba ba"，妈妈说"包包"。

3）把孩子的意思表示完整。如：孩子"啊……"妈妈："啊……爸爸回来了"；或者孩子看见椅子倒了："哦……"妈妈可以说："哦，不好，椅子倒了……"

这样的回应方式都是在现有孩子的表达和理解水平上，增加正确语言输入的频率，促进孩子自我纠正发音和用词。

（5）伸手够人或物

沟通意图：表示要求，可以翻译为"我要……""还要……"

回应方式1：如果觉得孩子是想要更多，可以先问一下"想摸摸吗？""想吃吗？""想抱抱吗？"或者"想玩吗？"再满足孩子的要求，这样有助于孩子理解妈妈的想法，下次的时候做出更明确的表达。

如果孩子想要的是玩具，那么是很好的社交机会。可以把玩具拿过来，一起玩，并示范基本的社交技巧——轮流，即"孩子玩一会，妈妈玩一会"，并给孩子创造机会要求"该我了"。

如果孩子不会说，你可以教他怎么用合理的方式要求"该我了"呢？

其实，和"词语表达"一样，手语、图片、符号表达都是语言阶段的表达。比"点头""摇头"的表达方式更主动、更独立，可以促进孩子主动交流意识的发展，更早说话。

回应方式2：如果孩子想要的是食物，则可示范"还要"的手语，并可以少盛多添，创造孩子自发使用手语要求的机会。

（6）摇头、皱眉要哭

沟通意图：表达自己的想法。"我不喜欢"，或者"我不要了"。

回应方式：当孩子不想吃了又不知道怎么说，皱眉要哭的时候，家长不要评价孩子的哭闹预兆，而是手把手教给他力所能及的表达"不要"的方式：比如家长会笑着示范说"谢谢，不要了"，同时肢体辅助孩子挥手表示"不要"，或者用手语表示"吃饱了"。只要坚持，不久孩子就可以自己做这些手势啦，便也不会再哭了。

二、正确认识感统失调与沟通

① 感统失调孩子的具体表现

感觉统合失调简称感统，感觉统合是大脑的功能，感觉统合失调即为大脑功能失调的一种，也可称为学习能力障碍。

（1）前庭平衡功能失常：表现为好动不安，走路易跌倒，注意力不集中，上课不专心，爱做小动作，容易违反课堂纪律，容易与人冲突，调皮任性，爱挑剔，很难与其他人同乐，也很难与别人分享玩具和食物，不能考虑别人的需要，还可能出现语言发展迟缓、语言表达困难和说话迟。例如，下图中在滑梯上的男孩对前庭平衡觉的刺激反应过敏，很害怕身处高地的感觉刺激，以致情绪紧张。

（2）视觉感不良：表现是无法流利的阅读，经常出现跳读或漏读，多字少字。写字偏旁部首颠倒，甚至不识字，学了就忘，不会做计算，常抄错题抄漏题等。例如，右图中视觉空间有困难的孩子未能掌握空间方向感，无法在指定范围内跟大家一起完成跳飞机活动，被人误以为她不合群。

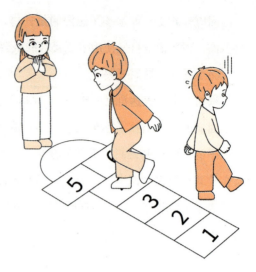

（3）触觉过分敏感：表现为紧张，孤僻，不合群，害怕陌生的环境，咬指甲，爱哭，爱玩弄生殖器，过分依恋父母，容易产生分离焦虑，或过分紧张，爱惹别人，偏食或暴饮暴食，脾气暴躁。例如，下图中的男孩触感反应过弱，几乎未能察觉到平常双手接触到的东西。于是，他沉迷地用双手扫地上的沙砾，借此寻求来自沙砾的强烈触觉刺激。

（4）听觉感不良：表现为对别人的话听而不闻，丢三落四，经常忘记老师说的话和布置的作业等。

（5）本体感失调：表现为缺乏自信，消极退缩，手脚笨拙，语言表现能力极差。

（6）动作协调不良：表现为平衡能力差。走路容易摔倒，经常出现摔伤，不能像其他孩子那样会翻滚、骑车、跳绳和拍球。手工能力差、精细动作差等。

② 与感统失调孩子沟通的技巧

对于感统失调的孩子，以下是与他们沟通的一些技巧。

（1）关注孩子的兴趣爱好：感统失调可能会影响孩子对事物的感官体验，因此需要关注孩子喜欢的活动和玩具，通过这些活动建立联系，增加孩子对环境的舒适感。

（2）听取孩子的声音：从孩子身上能得到大量的信息，如表情、声音等。聆听孩子说话时的语气、节奏、音高等，以此了解孩子的感受和需求。例如，下图中有语言障碍的孩子不懂得表达想和其他孩子一起玩的想法，只好站在一旁观看，以致失去了与同龄人互动的机会。

（3）注重肢体语言：孩子的肢体语言也是重要的交流方式。注意孩子的肌张力、姿态和面部表情等，以此判断孩子感官体验的情况，并根据情况进行相应的干预。例如，下图中肌肉张力不够的孩子未能协调四肢的动作爬上滑梯，难以和其他小朋友一起玩滑梯。

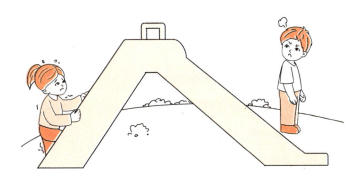

妈妈跟孤独症的孩子玩吹泡泡，孩子表现好奇，想触摸泡泡，但他未能准确地计划追着及拍打泡泡两个动作的次序，他只能不停走向其他背着泡泡的位置，间歇地在泡泡附近重复挥动手腕，妈妈以为他不专心，对此不感兴趣，白白失去了这次亲子沟通机会。

（4）创造安全环境：感统失调的孩子可能对新环境和人产生抵触，因此需要在亲近的家长或照护者陪同下给孩子提供安全的环境。

（5）适当使用触觉刺激：对于感统失调的孩子，触觉刺激可能对他们的感官体验有益。例如轻拍、按摩、握手等方式，可以增加孩子对自己身体的认知和接受新刺激的能力。

总之，与感统失调的孩子沟通需要耐心、关注和创造安全的环境，同时需要通过肢体语言和聆听孩子的声音等方式来了解孩子的感受和需求，并进行相应的干预和支持。

三、诱导孩子主动沟通

（1）要与孩子进行双向沟通，重要的是不要剥夺他们喜欢的东西或活动，而是将这些东西或活动融入互动当中。

例如，一个孩子在玩具盒子里翻找他想要的玩具，但一直找不到。治疗师可以靠近他，问他在找什么，并辅助他寻找目标玩具。如果他们不能立即找到它，治疗师可以提议一起去找，或让这个孩子指导治疗师如何寻找。然后，当他们终于找到了目标玩具时，治疗师可以表达共同的喜悦和满足感，鼓励孩子与他分享自己的发现，并继续与他互动。

（2）可以通过戏谑式的干扰来促进双向沟通。

例如，可以在玩具堆中放置一个障碍物，比如一个大型积木块或者一个布偶。然后，你可以装扮成一只怪兽或者其他角色，挡住儿童取回他们想要的玩具的路线。让儿童有足够的时间去考虑如何解决这个问题，并且尝试让他们主导游戏的方向。通过这种方式，孩子们可以感受到自己的控制力和参与感，同时也能够与你建立更加深入的互动和交流。

（3）此外，可以通过做游戏让孤独症孩子进行双向沟通，比如简单的躲猫猫、捉迷藏、有节奏的协调活动等。

例如，家长可以和孩子一起玩一个寻宝游戏。在家中藏好一个小玩具或者糖果，然后给孩子一些线索，比如"它在圆形的物品下面"或"它在某个颜色鲜艳的物品后面"。让孩子根据线索去找到隐藏的东西。每次找到后，家长可以用简单的语言进行肯定和奖励，例如"太棒了，你找到了！"或"你真是一个聪明的孩子！"逐渐地，在游戏中加入一些新的词汇和句子，让孩子学会表达自己的需求和意愿，例如"我想要糖果"或"我不喜欢那个颜色"。通过这样的游戏，孩子可以提高自己的沟通能力和语言理解能力，同时还能增强与家长之间的亲密关系。

（4）在进行双向沟通的过程中，帮助孩子占据主导地位。

例如，一个小女孩正在画画，她似乎感到有些沮丧。爸爸问："你好像不高兴，需要帮助吗？"小女孩点了点头表示需要帮助。爸爸就坐到她身边，看了一下她画的图案，然后说："哦，我知道了，你想要画一个彩虹，对吧？"小女孩点了点头，然后爸爸说："好的，让我来陪在你旁边，我们一起画这个彩虹。"小女孩开心地欢呼起来，然后开始和爸爸一起画彩虹。但是没过多久，小女孩突然挥起手臂，大喊一声："爸爸，我自己来！"她现在能够主导画画的过程，而且很快就画出了一个美丽的彩虹。

大部分严重的孤独症谱系障碍儿童都很难采取主导。在进行双向沟通的过程中，家长可以采取以下措施帮助孩子占据主导地位。

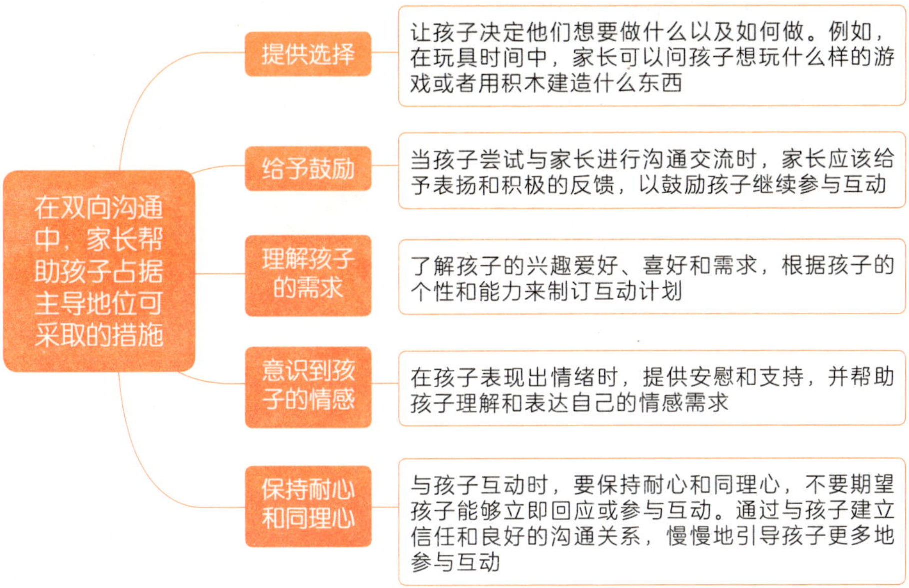

```
                    ┌─────────────┐   ┌──────────────────────────────────────┐
                    │  提供选择   │───│ 让孩子决定他们想要做什么以及如何做。例如，│
                    └─────────────┘   │ 在玩具时间中，家长可以问孩子想玩什么样的游 │
                                      │ 戏或者用积木建造什么东西               │
                                      └──────────────────────────────────────┘
                    ┌─────────────┐   ┌──────────────────────────────────────┐
                    │  给予鼓励   │───│ 当孩子尝试与家长进行沟通交流时，家长应该给 │
                    └─────────────┘   │ 予表扬和积极的反馈，以鼓励孩子继续参与互动 │
                                      └──────────────────────────────────────┘
  ┌─────────┐       ┌─────────────┐   ┌──────────────────────────────────────┐
  │ 在双向沟通 │      │  理解孩子   │───│ 了解孩子的兴趣爱好、喜好和需求，根据孩子的 │
  │ 中，家长帮 │──────│  的需求     │   │ 个性和能力来制订互动计划               │
  │ 助孩子占据 │      └─────────────┘   └──────────────────────────────────────┘
  │ 主导地位可 │      ┌─────────────┐   ┌──────────────────────────────────────┐
  │ 采取的措施 │      │  意识到孩   │───│ 在孩子表现出情绪时，提供安慰和支持，并帮助 │
  └─────────┘       │  子的情感   │   │ 孩子理解和表达自己的情感需求           │
                    └─────────────┘   └──────────────────────────────────────┘
                    ┌─────────────┐   ┌──────────────────────────────────────┐
                    │  保持耐心   │───│ 与孩子互动时，要保持耐心和同理心，不要期望 │
                    │  和同理心   │   │ 孩子能够立即回应或参与互动。通过与孩子建立 │
                    └─────────────┘   │ 信任和良好的沟通关系，慢慢地引导孩子更多地 │
                                      │ 参与互动                             │
                                      └──────────────────────────────────────┘
```

四、如何让沟通能持续进行

让沟通能持续进行的方法，如下图所示。

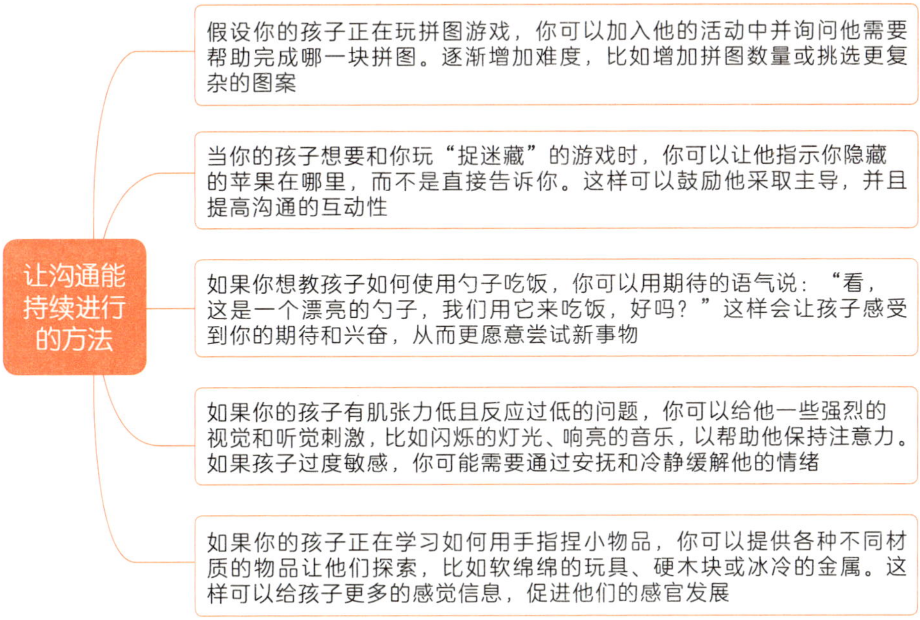

```
                    ┌────────────────────────────────────────────────────┐
                    │ 假设你的孩子正在玩拼图游戏，你可以加入他的活动中并询问他需要 │
                    │ 帮助完成哪一块拼图。逐渐增加难度，比如增加拼图数量或挑选更复 │
                    │ 杂的图案                                            │
                    └────────────────────────────────────────────────────┘
                    ┌────────────────────────────────────────────────────┐
                    │ 当你的孩子想要和你玩"捉迷藏"的游戏时，你可以让他指示你隐藏 │
                    │ 的苹果在哪里，而不是直接告诉你。这样可以鼓励他采取主导，并且 │
                    │ 提高沟通的互动性                                     │
                    └────────────────────────────────────────────────────┘
  ┌─────────┐       ┌────────────────────────────────────────────────────┐
  │ 让沟通能 │       │ 如果你想教孩子如何使用勺子吃饭，你可以用期待的语气说："看， │
  │ 持续进行 │───────│ 这是一个漂亮的勺子，我们用它来吃饭，好吗？"这样会让孩子感受 │
  │ 的方法  │       │ 到你的期待和兴奋，从而更愿意尝试新事物               │
  └─────────┘       └────────────────────────────────────────────────────┘
                    ┌────────────────────────────────────────────────────┐
                    │ 如果你的孩子有肌张力低且反应过低的问题，你可以给他一些强烈的 │
                    │ 视觉和听觉刺激，比如闪烁的灯光、响亮的音乐，以帮助他保持注意力。│
                    │ 如果孩子过度敏感，你可能需要通过安抚和冷静缓解他的情绪     │
                    └────────────────────────────────────────────────────┘
                    ┌────────────────────────────────────────────────────┐
                    │ 如果你的孩子正在学习如何用手指捏小物品，你可以提供各种不同材 │
                    │ 质的物品让他们探索，比如软绵绵的玩具、硬木块或冰冷的金属。这 │
                    │ 样可以给孩子更多的感觉信息，促进他们的感官发展           │
                    └────────────────────────────────────────────────────┘
```

培养生活自理能力（生活自理能力）

一、用餐技能

培养孤独症孩子的用餐技能时，需要利用孩子感兴趣的事物或活动来引导他们学习新技能。

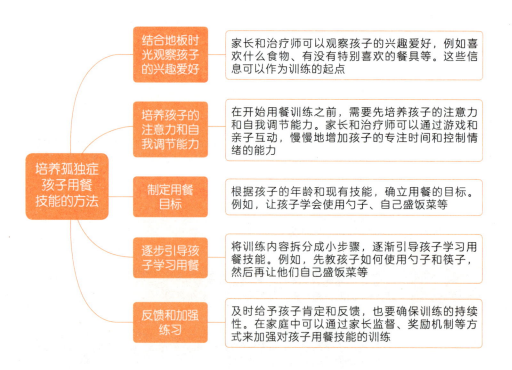

培养孤独症孩子用餐技能的方法	结合地板时光观察孩子的兴趣爱好	家长和治疗师可以观察孩子的兴趣爱好，例如喜欢什么食物、有没有特别喜欢的餐具等。这些信息可以作为训练的起点
	培养孩子的注意力和自我调节能力	在开始用餐训练之前，需要先培养孩子的注意力和自我调节能力。家长和治疗师可以通过游戏和亲子互动，慢慢地增加孩子的专注时间和控制情绪的能力
	制定用餐目标	根据孩子的年龄和现有技能，确立用餐的目标。例如，让孩子学会使用勺子、自己盛饭菜等
	逐步引导孩子学习用餐	将训练内容拆分成小步骤，逐渐引导孩子学习用餐技能。例如，先教孩子如何使用勺子和筷子，然后再让他们自己盛饭菜等
	反馈和加强练习	及时给予孩子肯定和反馈，也要确保训练的持续性。在家庭中可以通过家长监督、奖励机制等方式来加强对孩子用餐技能的训练

小华是一名6岁的孤独症儿童，由于缺乏用餐自理的能力，常常无法在正确的时间和场合完成进食。此外，他还有较为挑剔的饮食口味，不愿意尝试新的食物。

训练方法。

（1）制订具体计划：根据小华的年龄和需要，确定训练阶段、目标和计划。开始时，应教育孩子如何正确使用餐具，了解餐桌礼仪，并逐渐引导孩子尝试不同的食物和口味。

（2）设计游戏：在训练过程中，可以采用地板时光的方法，如利用玩具餐具和食物进行角色扮演、唱歌跳舞等活动，让孩子通过游戏的方式学习进食技能。同时，要及时表扬孩子的进步和努力，以增强他们的自信心。

（3）逐步引导：在训练过程中，家长或老师应该以逐步引导的方式帮助小华掌握用餐技能。例如，先教育孩子正确的餐桌礼仪，再让孩子模仿；或是根据孩子的进食时间制订计划，每天带着孩子进餐厅，并鼓励其尝试不同的食物和口味。

（4）个性化训练：针对小华挑剔的饮食口味，可以根据其具体情况进行个性化的训练。例如，让孩子参与到食物的准备和烹饪中，培养孩子的兴趣，加深他对食物的认识和了解；或者给孩子提供一些安全感，如放置小华喜欢的玩具或音乐等在进餐时帮助孩子分散注意力，减轻焦虑情绪，提高其进食积极性。

二、如厕技能

训练孤独症孩子如厕技能需要耐心和时间。家长或治疗师应该首先观察孩子的行为、偏好和需求，以及他们与如厕相关的感官体验。

例如，一个孤独症孩子可能因为对厕所环境的敏感性而不愿意进入。在这种情况下，治疗师可以采取以下步骤。

①	按照孩子的节奏逐渐逼近目标	引导孩子先进入厕所外面一段距离，然后逐渐靠近厕所门口，再进入厕所内部
②	重复实践	在治疗过程中，需要进行多次重复练习，逐渐提高孩子的如厕能力
③	创造积极的体验	在孩子成功完成进入厕所这个小目标之后，可以给予一些奖励和赞扬，增强孩子的积极性和信心

4 建立关联	在孩子进入厕所的过程中，治疗师可以逐渐将注意力转移到如厕这个行为上，提醒孩子需要如厕，并帮助他们拓展如厕技能
5 适当引导	根据孩子的年龄和理解能力，教授如何使用厕所的方法。可以先模拟一些动作、手势等，例如如何解裤子、坐在马桶上等，帮助孩子理解
6 分段训练	家长可以尝试将如厕过程分为不同的步骤，例如解开裤子、坐在马桶上、擦拭等。然后，在每一步之间留出适当的时间间隔，引导孩子逐步完成整个如厕过程。可以通过定时器或闹钟来帮助孩子掌握时间的感觉，从而逐渐降低训练过程中的焦虑和紧张情绪
7 感官输入输出训练法	提供丰富的感官刺激，帮助孩子更好地理解和记忆如厕技能。例如，在如厕训练过程中，可以给孩子看相关图书或视频，让他们模仿正确的如厕动作；同时，也可以让孩子听到水流声、看到泡泡等视听刺激，增强其对如厕环境的熟悉度和安全感

总之，在训练孤独症孩子的如厕技能时，应该根据孩子的具体情况和需求，采取个性化的方法，不断调整和升级治疗方案，以达到最好的效果。

小明是一名8岁的孤独症儿童，由于长期依赖尿布，缺乏如厕自理的能力。他在去厕所时常常表现出焦虑、抵触和恐惧情绪，很难在正确的时间和场合完成如厕。

训练方法。

（1）制订具体计划：根据小明的年龄和需要，确定训练阶段、目标和计划。开始时，应教育孩子认识生殖器官并区分大小便之间的差别，并让孩子逐步了解如厕的时间、场所和方式等方面的知识。

（2）设计游戏：在训练过程中，可以采用地板时光的方法，如利用玩具卫生间进行角色扮演、唱歌跳舞等活动，让孩子通过游戏的方式学习如厕技能。同时，要及时表扬孩子的进步和努力，以增强他们的自信心。

（3）逐步引导：在训练过程中，家长或老师应该以逐步引导的方式帮助小明掌握如厕技能。例如，先教育孩子正确的如厕姿势，再让孩子模仿；或是根据孩子的用厕时间制订计划，每天带着孩子去厕所，并鼓励其尝试自己完成如厕行为。

（4）个性化训练：针对小明恐惧和抵触的情况，可以根据其具体情况进行个性化的训练。例如，给孩子提供一些安全感，如放置一盆花或者玩具等在厕所中帮助孩子分散注意力，减轻焦虑情绪，还可以使用口头提示和奖励机制等方法来增加孩子的参与度和积极性。

三、穿脱衣服技能

训练孤独症孩子的穿脱衣服技能需要注意以下几点。

（1）以孩子的兴趣为出发点，选择适合孩子年龄和性别的衣服，提高孩子的参与度。

（2）制订详细的训练计划，将训练分解为小步骤，逐步增加难度，以确保孩子的成功率。

（3）在训练过程中，采用正向反馈和强化技巧，及时表扬、奖励孩子的进步和努力。

小勇是个5岁的男孩，喜欢玩具车。由于缺乏穿脱衣服的技能，需要家人或老师的帮助才能完成这项任务。

训练目标。

孩子能够独立地穿脱T恤和裤子，并掌握正确的顺序和方法。

训练步骤。

（1）玩具车引导：在孩子喜欢的玩具车周围放置一件只有头部和袖子的T恤，让孩子先试着将手伸到袖子里面，重复多次，直到孩子掌握此步。

（2）视觉提示：将孩子喜欢的玩具车放到衣服前面，引导孩子利用视觉提示接着穿上整件T恤。

（3）顺序表演：引导孩子先脱裤子再脱T恤，再从头开始按照正确的顺序穿上T恤和裤子。

（4）动作指导：逐步减少视觉提示，对孩子进行动作指导，帮助孩子掌握正确的穿脱动作。

（5）自主操作：逐渐减少指导，让孩子自主操作，在完成时及时给予鼓励和奖励。

帮助孩子管理情绪（情绪管理能力）

一、孩子为什么会出现情绪行为问题

　　大部分孤独症儿童情绪调节能力都比较有限，他们无法控制自己的情绪，有时候会表现出哭闹、尖叫、躺在地上、撕东西、摔东西，甚至是自伤的行为，捶自己的脑袋，拔自己的头发等。

　　早上，妈妈叫西西过来吃饭，但是不管妈妈怎么叫都没有反应，妈妈有点生气地走到西西面前，要拉西西过去吃饭，西西一下子就哭了起来，嘴里还念叨着"打，打"，然后就开始打自己的腿了。有时候稍微凶一下，音量比平时大一点，西西就会打自己的腿、屁股，特别急的时候还会打头，尤其是跟奶奶在一起的时候，但是跟爸妈一起的时候，基本没有打头的情况。

❶ 分析孩子出现情绪行为问题的原因

　　在案例中，我们可以看到，西西在和奶奶在一起时，出现的情绪行为问题更加严重，这有可能是平日里，奶奶对西西比较溺爱，导致西西一旦遭到批评就出现情绪行为问题。

　　由于孤独症孩子的认知能力不够，对于大人的举动不能做出准确的判断，挫折的承受能力较弱，消极情感体验较强，往往会选择攻击性行为来掩饰。例如，

窗外的吵闹声、贴身衣物的内标签、衣服材质和触感、想要玩具等都可能使孩子产生负面的情绪。

孩子出现情绪行为问题，还有可能是因为自己的需求没有得到满足。

家长可以从孩子的生理条件和心理条件两方面去分析孩子出现情绪行为问题的原因。

② 儿童的情绪行为问题与父母的个性及心理健康状况关联密切

有相关研究表明，遗传主要决定了人格形成和发展的基础，环境则决定了人格的后天发展。父母的个性不仅会直接影响孩子的气质类型，而且还会通过后天对孩子的期望、态度等产生间接的影响。

因此，孤独症儿童的父母在日常的养护过程中，也要注意克服自身的不良情绪，改善教育方式，调整好自己的心态来应对孩子的康复训练，为孩子创造和谐的家庭氛围，最大限度地减少环境因素对孩子的影响。

二、如何正确处理情绪行为问题

行为问题、情绪问题可以说是令很多孤独症孩子家长比较头疼的问题，比如尖叫、发脾气、自残、破坏等行为。对于一些掌握不好技巧的家长来说，盲目干预，只会令孩子的行为越来越严重。那么，遇到类似情况，家长到底该如何做呢？

以下是孤独症孩子常见的几类情绪行为问题处理的几种方法。具体应用到个人时，可能由于个案情况不同，孩子的反应也不一样，所以，家长在应用此方法的时候，要懂得灵活运用，切忌生搬硬套。

① 处理尖叫和发脾气问题

孤独症儿童常常因为没有足够的言语去表达自己的愿望、需求或其他遭遇的感受，大人们也往往不明白孩子所有的想法，及时地去满足他们的愿望或需求，去帮助他们及时地解决困难。在这种情况下，孩子常常出现尖叫和发脾气。家长可以根据孩子的表现特点，做出正确的猜测，用合适的方法处理。

（1）因为没有语言可用，来达到他想要的东西。

当孩子为了得到巧克力、蛋糕、冰淇淋或想要（买）感兴趣的东西时，会持续几个小时的尖叫或大声叫喊、跺脚、踢东西、撞头、大发脾气等。

处理办法如下。

对于孤独症儿童因为没有语言可用，来达到他想要的东西的处理方法	在街上或商店等场所里发生时，尽快地把他从现场拖走（即逃离现场）
	在家里，一旦出现尖叫、发脾气时，只要没有自伤行为，就不予理睬，直到他平静为止。或者把带到单独的房间（隔离室）内，隔离一段时间，待他停止尖叫、发脾气后，立即给予很多的关心和爱抚或给他表扬和赞许，并给予适当的奖励
	当孩子发生尖叫、发脾气时，千万不要想以某种东西来"安抚"孩子，达到平静。这样做反而让孩子误以为想要得到东西，就要用尖叫、大发脾气来达到。另外，也不要用拍打、吓唬的办法来阻止
	当孩子稍大些时，在某种程度上懂得和使用词语时，若发脾气，可能用坚定的声音或态度对他做出反应会有效，他可能去听从这些"常规的"控制方法

（2）对某些实际上无害的某种东西或环境产生恐惧或烦恼。

处理办法如下。

立刻阻止这种反应，在弄清楚具体原因后，让孩子离开这种会让他产生恐惧的环境，让他感到舒适。

（3）对生活中往往变得无法忍受的混乱所做出的一种反应。（如某种声响的刺激）

处理办法如下。

尽量避免让孩子处于这种场面的生活环境。例如，在生活的空间和时间上合理安排，来错开使他产生过敏反应的背景。

（4）积极地对儿童进行语言训练，让他学会表达自己的需求和愿望，能及时、适当地对事和物做出反应，反馈给大人们。这样大人就可以及时地满足他的需求和愿望，及时帮助他解决种种的困惑和烦恼，使他不再尖叫和发脾气。

❷ 处理破坏性行为问题

由于孤独症儿童在认知发展方面存在着障碍，不会做建设性的游戏，往往想通过考察他们身边一些事物的简单性质来消磨时间，而出现的许多破坏性的行为。破坏性的行为的后果是严重的。如为了"探索"周围事物是怎样的，他们可以把书本、窗帘等撕开，用积木去打破电灯，从撕裂声或破碎声中得到令他们满足的刺激。他们不理解，大物件装到小物件是不行的道理，就把它们统统地破坏掉。为了闻一些味道，他们将一些东西涂洒在墙壁上等。

处理办法如下。

处理破坏性行为的方法

- 提供一个让孩子无法进行破坏的环境
  - 1.根据孩子的特点，安排一个好环境，把易碎贵重的物品藏起来，或放到他够不着的地方
  - 2.提供一些摸起来舒服、摔不烂、易搬动的，大而坚实的物品让他去玩
  - 3.有条件的家庭，还可以装饰一个无法破坏的专门房间或专门玩的区域让他去玩

- 当破坏行为出现时，采取的最好办法是阻止他，尽快地把他从这种行为中转移出来

- 对语言理解较高的孩子，可以使用一些表示与他行为相关的用语。例如对他说："这是爸爸的，那是妈妈的东西"；"别人的东西不能动"……当他有好的反应时，立即表扬他、奖励他，使他慢慢意识到不能随便动用或破坏不属于自己的东西
  - 1.用大喊大叫或愤怒指责阻止孩子破坏性的行为是徒劳的，打骂的行为也是不可取的
  - 2.可以用拥抱、挠痒痒的游戏或做一个孩子喜欢动作或者事情，转移他的注意力，逐渐让孩子明白，某些行为是被禁止的

- 解决问题的真正办法，是设计一些使他感兴趣的活动，找一些他喜欢做的事情去做。如给他一块画板，让他去涂画，做简单的家务事，玩有趣的游戏等，让活动贯入他每日生活的内容里，才有可能逐渐地淡忘并放弃他那"破坏性的行为"

- 对于一个具有严重性、破坏性行为的孤独症儿童，在其行为消失之前，最好是仔细地监护他、跟踪他

❸ 处理刻板行为、固执不变的问题

孤独症儿童的刻板重复性，常常要求事物保持老样子甚至拒绝变动。例如，要固定地坐在某一位置上，走某个固定路线的路等。这种固执不变的行为，实质

上是他们从感情上企图把事物的秩序引进他们的世界（混乱、封闭）中。他们不懂得事物变化的作用与意义，以及变化的规律，也不明白变动后将发生什么？给予他将带来什么？所以拒绝变化。当环境变动时，他们难以接受，甚至大哭、大闹，长时间的尖叫。

处理办法如下。

（1）拒绝配合孩子刻板僵硬的行为，把生活安排得有秩序、有模式，让他了解到发生了什么之后，会使他感到舒服、安全。在孩子有了准备之后，才引进变更。在拒绝变动训练时，要和蔼、耐心，还要坚持不懈，始终一致地不允许孩子继续那种带来诸多不便于日常生活常规的行为。

（2）用塑性改变的方法。家长可以有意识地在日常生活中加入一些变化。例如，安排课程项目，时间或内容的变化；出门上街时，行走的路线的变化；家中摆放的家具，装饰的位置、形式的变化等。渐渐变化的生活环境，让他慢慢地习惯常规的变化，适应社会变化的规律。

1919年美国心理学家赖特纳·威特默（Lightner Witmer）写了一篇文章，其中讲述了一个孤独症男孩的故事。这个小男孩拒绝与拿在手中的一张卡片分手。如果把卡片拿掉，立刻就用手指甲重重地挠脸。威特默安排了一名护士与他待在一起。孩子狂怒地尖叫，而护士保持和蔼、耐心，但是坚定不移。她随同孩子一起待了几个小时，时而放掉他的手，要是他的手指头往脸上放，立刻抱住他。最终，这个小男孩可以做到没有卡片也保持待在那里，不再伤害自己。此外，他还提出可以使用一种比较缓慢的、不让小男孩感到烦恼的办法，那就是每天晚上在小男孩睡觉之后，从卡片上切去一小块，直到卡片消失为止。

4 处理特殊恐惧问题

经常紧张害怕，对无害事物产生恐惧，这可能不是孩子在无理取闹，而是这件事物在家长曾经不注意的时候给孩子带来了不好的感受，又或是环境中的因素使他敏感的触觉听觉等受到了影响。

处理办法如下。

安慰、逐渐增加孩子与这件事物的相处或避免与这件事物接触，需要找到对孩子最有效的方法。

⑤ 处理危险行为问题

与恐惧相反，有些孩子对周围事物的危险性常常毫不在乎。往海里跳、攀爬高处、往楼窗探身、无视来往车辆等。这是由于孩子缺乏对事物的判断力，不懂得某些行为会给自己带来什么样的后果。

处理办法如下。

随便搜就能找到一些儿歌或韵律诗教孩子安全规则，如穿越道路，避免火灾，使用电和煤气的安全事项。也可以用情景演示的方法让他明白，并且要遵守这些规则。

⑥ 处理奇特动作问题

孩子做鬼脸、奇怪的动作是怎么回事。这可能是他想引起你的注意或者自我刺激。

处理办法如下。

把他们的动作限制在一定的场合和一定的时间内。如在出外、郊游或处于众目睽睽之下，应立即加以制止，当他扭曲手指或转动双手时，要轻轻地握住他的手，或者给他一些东西拿着。

⑦ 处理自伤行为问题

自伤的原因可能有两个方面：一方面，可能是遇到一些挫折或对某些事情不理解感到困惑或烦恼。另一方面，可能由于无事可做，太无聊想引起他人注意。

处理办法如下。

对严重的自伤行为，如抠眼、撞头等发生时，应立即制止，并采用一些必要的措施（如给他戴上防护工具：手套、头盔等）以保证孩子的身心的安全。当他不抠、不抓、不撞时，给予表扬与注意。

⑧ 处理畏缩行为问题

一些孤独症孩子从不探索外界，似乎对一切事物都没兴趣，影响了自身的发展。处理办法如下。

发现孩子的喜好、习惯，起初先按照孩子的习惯，尽可能地融入他的世界，让他接纳你、同化你，对你产生兴趣，然后再为他开展活动。

⑨ 处理攻击行为问题

一些长大了（或进入青春期）的孤独症儿童，会出现一些突发性的攻击性行为。如掐人、踢人等。这种行为出现之前，他都会首先试图引起被攻击者的注意（做出不正常的举动，怪声怪气地引人发笑等），而后攻击之。这种攻击的原因可能非常细小，如突然的一个高音噪声，所喜欢的某些物品不见了，或对陌生人有所刺激等。当他对人攻击、伤害后，表现出兴奋和欣慰的情绪来看，可能是为了达到他们心理上的某种满足。

处理办法如下。

当攻击他人的严重行为出现时，应当迅速地把他隔开，尽量不大惊小怪（以避免产生刺激），并把他监护隔离起来，在一个精心安排的空间里，避免许多的麻烦和困难。

三、如何与孩子一起做好情绪管理

① 积极互动，共享积极情感

家长在平时的教养中，要多给予孩子正面积极的情感。家长在与孤独症孩子互动的过程中，要多增加一些真切而灵动的快乐体验和情感，父母在对孩子进行康复训练时，要避免死板地进行一项项任务，父母要懂得享受与孩子的互动时光，体验互动产生的快乐情绪，从而提高互动的质量。

在和谐融洽的环境中，家长与孩子积极互动，充实生活内容，孩子的情绪行为问题自然会减少。

❷ 关注自我，关注家庭

家长在关注孩子的同时，也要多关注自己的心理健康情况，在孩子的康复训练过程中，面临困难，一定要及时与相关专业人员及时沟通，寻求解决办法，避免不良心理状况的出现。家庭成员之间也一定要相互沟通、相互帮助，不要把照顾孩子在责任全部放在某一个家长身上，应该一家人团结起来，为孩子的健康成长筑起一个温暖的家园。

❸ 态度温和，理智分析

家长对孩子的态度一定要尽可能地温和，分析孩子出现情绪行为的原因，是否因为孩子无法表达自己需求而着急。

家长平时要多给予孩子关注，在孩子遭遇挫折时，家长一定要及时给予帮助，要积极教育孩子学会应对挫折，提高孩子的自信心。

但是，当孩子只是为了引起关注而采取不良行为（如：吵闹）的时候，家长需要采取适当的忽略（即不予理睬），要等孩子停止该行为后，才给予孩子表扬和奖励，要让孩子明白，只有出现良好行为才能获得关注和表扬。

培养社交技巧（社交互动能力）

一、如何处理孩子在社会交往方面令人难堪的行为问题

针对孤独症儿童不能约束、长时间、经常地提供令人想起发笑而又滑稽的社交行为，应该选取制止并教育的原则进行矫正。

矫正的办法。

（1）进行"社交行为调整能力"的训练。

1）家长和教师必须订出一系列的社交规矩，以便提前采取行动，防止"不适应"行为出现或重复发生。

2）每当他出现不良的社交行为时，你要合理合情地，立即、坚决地加以制止，经过一段时间训练后，他就会明白，不能那样说，不能那样做。

（2）由于对社会上的规则、规范不理解而出现的与社会不相适应的行为。如，在商店里，拿起东西就吃、就走，不付钱。在当众下无知地脱裤撒尿等。

处理的办法：一旦这种困难行为开始，就紧紧拉住他，同时用坚定的声音告诉他："不行！""不准碰！""不能拿！"等，让他开始明白到"不行"是严格禁止的。之后，再针对问题，分析原因，制订出系列的计划进行训练，以增进他学习符合社会规范的行为。如进行购物游戏，开商店活动，如厕的方法等活动。

（3）进行日常社交常规的训练，并纳入生活的内容。孤独症儿童一旦学到一条规则，往往会在各种情况下都遵守。如：待人、接物的礼节训练；客人来去的迎送礼貌训练；在社交场合的礼仪的训练等。

（4）值得注意的是，父母和老师在孩子面前说话、做事，要特别小心谨慎。大人们骂人的口音和语调，诅咒语的强烈感情和语气，给患儿鹦鹉学舌创造机会，

他们会用这些话语，反复地再现给别人。大人们丑陋的行迹或举动，也会形成他们刻板的动作的模式。所以家长和老师的社交语言和举动应当有优良的风范，不要因自身的缺点或坏习惯给孩子树立不良行为的标本。

二、培养孤独症儿童社交技巧的方法

孤独症儿童往往具有社交障碍，他们可能缺乏与人交流的信心和技能，因此需要特别的帮助来提高他们的社交技巧。以下是一些可以用来培养孤独症儿童社交技巧的方法。

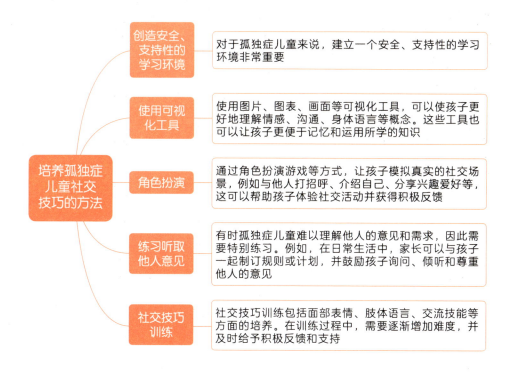

总之，通过以上方法，可以帮助孤独症儿童提高社交技巧和自信心。这些技能不仅对于日常交往有好处，而且对他们今后的学习、职业和人际关系都会产生积极影响。

第二章

注意力、
参与能力训练游戏

1 游戏

叫醒孩子皮肤

适合年龄：3~6 岁

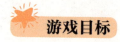
游戏目标

加强皮肤的接触刺激，减少触觉防御。

游戏步骤

① 家长用刷子先刷孩子的手背、手指等触觉防御性较弱的部位。

② 然后渐渐过渡到刷孩子的手心。

③ 再刷脚的部位，先刷脚趾、脚跟、然后渐渐过渡到刷脚的中心部位。

④ 如果孩子抗拒，可每次只擦一下，反复地尝试，直至孩子习惯这种触觉刺激。

指导建议

抚触是孩子最享受的时刻，父母可以通过不同的方式来刺激孩子的皮肤，比如用羽毛轻轻地拂过、用软毛刷慢慢地刷过、用笔杆轻轻地敲打，都是唤醒孩子皮肤的好办法。

2 游戏

冷? 还是热?

适合年龄: 3~6 岁

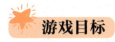

游戏目标

加强皮肤的接触刺激，减少触觉防御。

游戏步骤

❶ 家长可以把毛巾浸湿在冷水里，然后把冷毛巾给孩子，让孩子感受湿、冷的感觉。

好冷啊！

家长有节奏、轻轻地用冷毛巾触碰孩子身体的不同部位，可以先碰手和脚，然后做出夸张的表情，说："好冷啊！" ❷

❸ 然后，家长把毛巾浸湿在热水里，然后把热毛巾给孩子，让孩子感受热的感觉。

好热啊！

家长再次有节奏、轻轻地用热毛巾触碰孩子的手、脚和脸、耳朵等部位，然后做出夸张的表情，说："好热啊！" ❹

指导建议

观察孩子是否表现抗拒、有逃避反应或者情绪反应等，如果有的话，家长可以先以温和、缓慢的方式进行活动，按照孩子的反应进行调节，不要过于勉强孩子。如果孩子表现得很积极，可以让孩子自己来用冷热毛巾擦拭身体的不同部位，进而学会洗脸、洗澡等。

3  游戏
一起贴五官

适合年龄：3~6岁

游戏目标

提升触觉敏感度、手眼的协调能力，增强辨识力。

 游戏步骤

❶ 家长准备一张硬纸板，纸板上面有人的头型，可加上"头发"之类，使头型更为生动，制作好可贴的眉毛、眼睛、耳朵、鼻子、嘴。

❷ 先让孩子认识一下自己的五官，要求能说出自己五官的名称，然后拿出准备好的五官图片让孩子辨认。

❸ 家长可先示范贴，也可有意识地把五官位置贴错，让孩子分辨正确与否，同时请孩子把错的纠正过来。

❹ 然后让孩子自己操作，家长加以指导。

 指导建议

等孩子充分认识自己的五官后，家长可以跟孩子一起玩"快速指出眼睛、鼻子或者头发等"指令的游戏。

游戏 4
听指令做动作

适合年龄：3~6岁

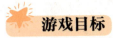

游戏目标

提升听觉注意力和听觉辨别能力，提高听觉和动知觉统合的统合能力，提升学习能力。

游戏步骤

❶ 3~6岁的孩子可以做一步指令，如：眨眼。

❷ 3~6岁的孩子可以做二步指令，如：举手弯腰。

❸ 3~6岁的孩子可以听指令做相反动作，如一步指令：摸左耳朵，孩子动作要摸右耳朵。

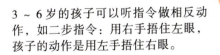

❹ 3~6岁的孩子可以听指令做相反动作，如二步指令：用右手捂住左眼，孩子的动作是用左手捂住右眼。

指导建议

可以根据孩子的不同年龄段和实际情况，设置不同的指令动作。

5 游戏

会跳舞的手偶

适合年龄：3~6岁

游戏步骤

1 拿出一些色彩鲜艳的玩偶，吸引孩子的注意力。

2 家长挑选一个玩偶戴在手上，可以让孩子也挑选一个戴在手上。

3 家长一边唱孩子最喜欢的儿歌，一边不断地舞动手偶。

4 让孩子的眼神随着家长的动作游动，让手偶和孩子进行交流。

指导建议

可以把孩子抱坐在腿上，给他的小手上也戴上手偶，伴随着儿歌，一起摇摆身体。

游戏 6 爬过小拱桥

适合年龄：3~6岁

游戏步骤

❶ 妈妈先平躺在地板上，孩子可能对此比较好奇，凑过来看妈妈在干什么。

用玩具逗引孩子爬过来，试着爬过妈妈的身体。

❸ 妈妈手脚着地，弯成拱形。然后轻声呼唤孩子，吸引她从下面爬过去。

指导建议

爬行对于孩子的头颈、四肢、视觉等发育都有着不可估量的作用，妈妈可以尝试多变换一些姿势，吸引孩子从下面爬过去。

7 游戏
小小飞行员
适合年龄：3~6岁

游戏步骤

① 妈妈先平躺在地板上，吸引孩子过来，然后让孩子呈俯卧姿趴在妈妈的小腿上。

② 拉着孩子的双臂，慢慢地伸展开来。

③ 顺势抬腿，让孩子呈飞翔姿势。

指导建议

在这个游戏过程中，孩子与妈妈的眼神互动会让他感到无比开心，同时在"飞翔"中，平衡能力、肌肉配合能力，以及胆量都得到了提升。妈妈可以尝试多变换一些姿势，带动孩子一起玩起来。

8 游戏
找相同的卡片

适合年龄：3~8岁

游戏目标

提升儿童认知水平。

游戏步骤

❶ 家长可以拿几张相同的苹果卡片、几张相同的小狗卡片，把卡片混合。

❷ 准备两个盒子，让孩子把同样的卡片放到一个盒子。

这个不应该放在这里哦。

❸ 如果孩子放错，需要马上给予辅助，抓着孩子的手引导放在正确的位置。

放对了！真棒！

❹ 如果孩子放对了，做出肯定的回答"放对了！"并给予奖励。

💡 **指导建议**

刚开始只提供两种卡片，等儿童熟悉之后，再慢慢增加到3种、4种。如果儿童对4种卡片的配对很熟悉了，可以适当增加卡片图案和数量。

# 游戏 9

一起吹风扇

适合年龄：3~8 岁

游戏目标

提升儿童的注意力和参与能力。

游戏步骤

① 爸爸向孩子展示小风扇。在较远的距离开动小风扇吹向孩子，吸引他的注意。一会关掉小风扇，看看孩子的反应。

明明，风来了！

爸爸再次开动小风扇，然后对孩子说："明明，风来了！"获得孩子的注意后，马上把风吹向他。如果孩子喜欢这个活动，爸爸可以等待孩子示意后再去动风扇。

②

③ 鼓励孩子拿起小风扇，爸爸让孩子看看风扇是怎么转起来的。

爸爸在桌面放一张面巾纸，然后用风扇把面巾纸吹到地上，引导孩子拿着风扇去吹别的东西。

④

指导建议

可以把面巾纸替换成羽毛、棉花球、便利条等。如果孩子抗拒被风吹的感觉，可以邀请他拿着小风扇吹向面巾纸，爸爸在被风扇吹的时候也要露出喜悦的表情。

10 游戏

豆子搬家

适合年龄：4~8岁

游戏目标

可以训练儿童的手眼协调能力，增强注意力。

游戏步骤

① 准备三个空盘子，其中一个盘中倒满黄色、红色、绿色的豆子。

② 家长拿着勺子给孩子做示范，用勺子舀出黄色豆子放在另一个盘中。

③ 让孩子尝试拿起勺子，先舀出混合豆子里的黄色豆子。

④ 重复步骤 1 ~ 3，直到把 3 种不同颜色的豆子都分别舀出。

指导建议

这个游戏需要孩子全神贯注地参与，可以大大提升孩子的专注力，而且也锻炼孩子的手眼协调能力，促进右脑开发。可以考虑加大游戏难度，让孩子用筷子试着夹豆子，反复练习。

11 游戏

寻找玩具

适合年龄：4~8岁

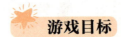

游戏目标

训练儿童的视觉记忆力。

游戏步骤

1 找到三个相同的杯子然后扣置，其中一个放小玩具。

2 家长吸引孩子注意，让孩子目不转睛地盯着扣着玩具的杯子。

3 家长慢慢调换三个杯子的位置，让孩子找到扣着玩具的杯子。

4 当孩子正确找到玩具时，奖励她一张红色的爱心贴纸。

指导建议

根据熟练程度可以慢慢增加玩具种类和数目，增加难度可以加快调换杯子的速度或者调换的步骤增多。

12

给彩笔找帽子

适合年龄：4~8岁

游戏目标

训练儿童的视觉找寻能力。

游戏步骤

❶ 家长拿出一盒彩笔，先展示给孩子看。

❷ 然后将彩笔上的笔帽摘掉，让笔帽和笔杆分开摆放。

❸ 家长发出指令，把相同颜色的笔帽和笔杆扣在一起，可以给孩子做一个示范。

你真棒！

❹ 当孩子成功找到相应彩笔的笔帽时，对她说："你真棒！"

💡 指导建议

孩子熟练掌握后，可使用生活中的物体进行训练，如杯子和杯盖。

13 游戏

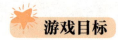

嘟嘟在哪里

适合年龄：3~12 岁

游戏目标

可以锻炼儿童的反应能力、观察力、记忆力与专注力。

游戏步骤

❶ 家长拿一块毯子在孩子面前展示，吸引他的注意。如果孩子对毛毯感兴趣并尝试触摸它时，家长可以利用毯子跟孩子做游戏。

嘟嘟在哪里？

家长可以把毯子盖在孩子的头上，说："嘟嘟在哪里？"等待孩子把毯子掀开。 **❷**

嘟嘟在这里！

❸ 当孩子掀开毯子以后，家长可以表现出吃惊的样子，说："嘟嘟在这里！"

一二三，盖毛毯！

如果孩子露出开心的笑容，家长可以继续跟孩子玩下去，同时变换其他指令进行，如："一二三，盖毛毯！""四五六，掀起来！"等。 **❹**

指导建议

做游戏的过程中，要仔细留意孩子的表情和动作示意，等孩子适应这个游戏以后，可以扩展为捉迷藏。

14 游戏 什么不见了

适合年龄：3~12 岁

游戏目标

可以锻炼儿童的反应能力、观察力、记忆力与专注力。

游戏步骤

❶ 在桌上摆放几件玩具，如布娃娃、玩具熊、小皮球、积木。

❷ 让孩子说出玩具的名称，先让孩子依次记忆物体。

❸ 让孩子闭上眼睛，家长拿走其中一样或几样玩具。

什么东西不见了？

❹ 让孩子睁开眼睛，问她："什么东西不见了？"让孩子集中注意力去回忆。

指导建议

根据儿童的能力，适当增加玩具数量，从而增加记忆难度。刚开始游戏，玩具不宜过多。

15 游戏

钻过小山洞

适合年龄：3~12 岁

游戏步骤

① 张开玩具隧道，让孩子自由探索。

② 如果孩子在隧道里爬行，家长可以发出有趣的声音，做出拍手、挥手等动作，或者拿着孩子喜欢的玩具，在另一端出口鼓励孩子爬向家长。

③ 如果孩子躺在隧道里，家长可以有节奏地拍打隧道，或者轻轻地摇晃隧道，吸引孩子的注意。

爸爸不要晃！

④ 在这个过程中，等待孩子给出指令（如：说出"爸爸不要晃"或者发出其他声音），再继续下一个动作。

指导建议

家长可以把隧道直立摆放，孩子要想办法把隧道拉下来才可以走进去。当孩子爬进隧道以后，家长可以隔着隧道跟孩子玩躲猫猫游戏。

16 游戏
亲子袋鼠跳

适合年龄：3~12岁

游戏目标

提升平衡感、增进亲子情感。

游戏步骤

❶ 爸爸找出家里不用的两个大口袋。

❷ 先拿出一个袋子，吸引孩子过来在袋子里站直，让孩子双手抓住袋口的两边。

❸ 爸爸站在另一个袋子里，也在袋子里站直，双手抓住袋口的两边。

❷ 爸爸可以播放轻松愉悦的音乐，跟孩子一起做亲子袋鼠跳的动作。

指导建议

在这个游戏过程中，孩子与爸爸的跳跃互动会让他感到无比开心，同时在跳跃的过程中，平衡能力、肌肉配合能力，以及胆量都得到了提升。爸爸可以尝试多变换一些姿势，带动孩子一起玩起来。

17 游戏

你来跟我一起做

适合年龄：3~12岁

游戏目标

训练空间方位知觉。

游戏步骤

❶ 妈妈和孩子并排站在大镜子前面，妈妈做一个动作，让孩子模仿。

❷ 妈妈先是点了点头，然后示意孩子跟着做。

❸ 妈妈又拍了拍手，然后示意孩子跟着做。

❹ 妈妈向右边移动自己的身体，孩子也跟着移动过来。

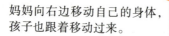

指导建议

开始时家长的动作要做得慢些并多次重复动作；如果孩子的表达能力强，可让孩子边模仿边说出动作的方位。

18 游戏 听指令取物品

适合年龄：3~12 岁

游戏目标

训练孩子的听觉、注意力、反应速度。

游戏步骤

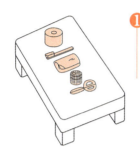

❶ 准备各种生活用品（纸巾、牙刷、毛巾、牙签、剪刀等），这些物品都是孩子已经认知的。

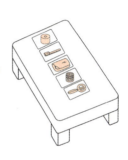

❷ 程度好的孩子，还可以用图片来代替。

我需要毛巾。

❸ 把所有的实物或图片，整齐地摆放在桌子上，妈妈发口令，比如"我需要毛巾。"

宝宝真棒！

❹ 爸爸和孩子比赛谁最快拿给妈妈，胜利者适当奖励。

指导建议

这个游戏不仅能增加亲子关系，还能训练孩子的听觉、注意力、反应速度。游戏过程中，角色可以互换，多玩几次，让孩子体验不同的游戏角色。

19 游戏 足球比赛

适合年龄：3~12 岁

游戏目标

提升孩子的视觉、肌肉能力和平衡能力。

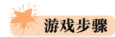

游戏步骤

❶ 妈妈趴在孩子的对面，把球推给她。

❷ 鼓励孩子再把球传递回来。（妈妈对孩子说："宝宝加油！你是最棒的！"）

❸ 一个家长提起孩子，使其双脚离地，孩子尝试去踢球。

指导建议

在运球的过程中，孩子的视觉、肌肉能力和平衡能力都得到了锻炼，同时在你来我往的过程中，还让孩子慢慢地学着协同合作。孩子熟练踢球的动作以后，可以多找几个小朋友一起加入进来。

20 游戏 百变纸箱

适合年龄：3~12岁

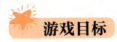
提升孩子的大运动能力，锻炼前庭觉和提升本体感。

 游戏步骤

① 准备一个比较结实的纸板箱，逗引孩子爬进纸箱里，"这是孩子的家"，让孩子坐一坐，扶着站一站。

嘀嘀嘀，大卡车开来了，送货来啦！

当孩子把玩具装进大纸盒里时，家长可以教孩子推动大纸盒，"嘀嘀嘀，大卡车开来了，送货来啦！"

②

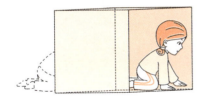

③ 大纸箱去掉盖和底（这里需要超大号的纸箱哦），像山洞一样，孩子可以在纸箱里面钻隧道。

孩子也可以和家长同方向并列跪趴在纸箱里面，两人脸对着纸箱内壁同时向前爬行，就像大车轮在转动一样。

④

 指导建议

狭窄的空间可增强孩子的好奇心，提高孩子对空间知觉和方向感，提升孩子的大运动能力，锻炼前庭觉和提升本体感，空间知觉的发展会让孩子情绪更加稳定。纸箱可以换成其他物品代替。

21 游戏

玩拼图

适合年龄：3~12 岁

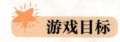

游戏目标

培养儿童的注意力，锻炼儿童手指的精细动作能力和手眼协调能力。

游戏步骤

❶ 准备色彩鲜艳的两副动物拼图（以 4 块左右为宜），把完成图放在桌面上方，拼图放在桌面下方。

❷ 在孩子面前将拼图块逐块取出，并放在拼图的左侧。

❸ 示范将拼图块逐个放于对应拼图正确的位置。

❹ 适当提示孩子，指导孩子把剩余拼图块放在正确位置。

❺ 重复步骤 3 ~ 4，直至完成拼图。

指导建议

若孩子能熟练完成拼图，拼图数量可适当增加，图案可由简单变复杂。

22

游戏
搭积木

适合年龄：3~12 岁

游戏目标

提升儿童的专注力，又可以提升儿童的手眼协调能力，促进右脑开发。

游戏步骤

❶ 家长把积木按颜色分类，选用颜色相同的积木来搭建。

❷ 吸引孩子挑选和家长一样颜色的积木，告诉他需要搭建什么。

太棒了！

❸ 家长先呈现一种模型，再让孩子按照模型进行搭建。如果孩子做到了，对他说："太棒了！"

倒啦！

❹ 最好玩的部分是"毁掉"搭建好的建筑，可以大声说"倒啦！"让孩子看到整个建筑是怎么倒掉的。

指导建议

开始训练时只要形状相似即可，当孩子能力增强后大小和每块积木颜色与模型一致，呈现模型由简单到复杂。积木搭建的过程，可以帮孩子弄明白因果关系，还能帮孩子发展出优秀的运动技能，为他将来的数学学习打下基础。

23 游戏

吹个大气球

适合年龄：3~12 岁

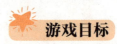

游戏目标

提升儿童的注意力和参与能力。

游戏步骤

❶ 妈妈用气泵将气球慢慢吹起来，吸引孩子的注意和兴趣，并且让孩子触摸这个气球。

❷ 引起孩子的注意后，对着孩子的手、脚或脸轻轻把气球放气（避免吹向眼睛），重复做几次。

❸ 如果孩子对活动感兴趣，妈妈再吹起一个气球。先吸引孩子注意，然后突然放手将气球放飞，引导孩子把气球捡回来。

妈妈拿出一些没有吹的气球放在孩子面前，吸引她拿起气球去吹起来。妈妈把吹好的气球扎起来，然后交给孩子玩。 ❹

💡 指导建议

妈妈可以带领孩子一起来回抛玩气球，引起更多的互动。

24 游戏

互扔纸团

适合年龄：3~12岁

游戏目标

训练儿童的运动能力、认知能力。

游戏步骤

❶ 家长和孩子可以合作制作若干纸团，然后平均分配。

❷ 家长和孩子分开一定间距，然后将纸团抛向对方或者击打对方。

纸团来了，快躲开！

❸ 家长示范躲避击打的方法，或者提示孩子"纸团来了，快躲开！"

你可真厉害，一下子就躲开了！

❹ 孩子成功躲开纸团后，家长夸夸孩子："你可真厉害，一下子就躲开了！"

指导建议

这个游戏不仅可以促进亲子关系，还可以提升孩子的运动能力和全身协调能力。制作纸团时，注意控制好纸团的大小，纸团也可以用沙包或者其他物品代替。

25 游戏

你写我猜

适合年龄：6~12 岁

游戏步骤

❶ 家长与孩子面对面坐着，并吸引孩子的注意。

❷ 让孩子闭上眼睛，然后在孩子手心或手背上写字（或数字），让孩子猜是什么字。

你可真聪明！

❸ 如果孩子猜对了，要给予肯定和奖励。（例如妈妈对孩子说："你可真聪明！奖励你一颗棒棒糖。"）

💡 指导建议

字要根据孩子的能力和程度来写。也可以让孩子转身，在他的背上写字让孩子猜。

26

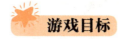

游戏目标

刺激前庭系统,培养孩子专注力,训练大肌肉张力和动作企划能力。

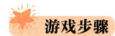

游戏步骤

❶ 爸爸妈妈将双手抬起围成圆圈,吸引孩子靠近。

❷ 让孩子将皮球投进父母双手围成的篮球筐,篮球筐要比孩子的身高高一些。

❸ 可以先让孩子离近一点,后面再慢慢地拉远距离。

做得好,给你加10分!

❹ 然后再次让孩子往圆圈里投皮球,不论孩子是否投中,都积极鼓励孩子。(例如,爸爸对孩子说:"做得好,给你加10分!")

指导建议

可以变换游戏角色,让孩子跟爸爸来做"双手抬起围成圆圈"的动作,妈妈来投球;或者让孩子跟妈妈来做"双手抬起围成圆圈"的动作,爸爸来投球,吸引孩子一起体验不同游戏角色。

27 游戏

平衡木

适合年龄：6~12 岁

游戏目标

训练儿童身体平衡能力。

游戏步骤

❶ 在地板上粘一条 2 米长 10 厘米宽的线条。

❷ 家长站在孩子前方，拉着孩子的手向前走。

❸ 要提醒孩子既注意脚下的线条，又要注意前方的路。

❹ 家长在孩子的前方引导孩子走，但不给予身体协助，让孩子自己尝试独自走。

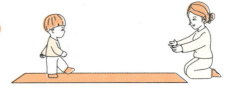

指导建议

开始时只走一半的距离，允许偶尔走出界外；要求孩子走完全程，尽量不要走出界外。

28

单脚跳

适合年龄：6~12 岁

游戏目标

训练身体的平衡能力及双腿的肌肉控制能力。

游戏步骤

❶ 家长抬起一只脚，向前方位置跳出 5 步路的距离。

❷ 引导孩子一起跳，营造宽松的气氛让孩子消除紧张情绪，愿意参加游戏。

加油！

❸ 随时在孩子需要时给予恰到好处的帮助，无论是身体或是口头的帮助。

❹ 及时引入奖励的方法来表扬和鼓励孩子的尝试。

指导建议

开始时先让孩子习惯保持抬起一只脚在空中数秒的姿势；鼓励孩子单脚向前跳跃一步，可以在前方放置奖励物；鼓励孩子增加跳跃的次数。

游戏

29 神奇的口袋

适合年龄：6~12 岁

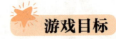

游戏步骤

① 家长找一个漂亮的口袋，放入 3 ~ 5 种玩具或水果。

② 让孩子摸一摸，问他摸到了什么，请他拿出来，看看对不对。

可以拿个苹果吗？

③ 对于大一点的孩子，家长可以提供指令要拿什么东西，让孩子按指令找出来。

请你把苹果找出来。

④ 如："请你把积木找出来""请你把苹果找出来"等。

指导建议

对待大一点的孩子，可以尝试否定指令，如："请你把不能喝的东西拿出来""请你把不是蓝色的东西拿出来"等，加大难度。

30 游戏

报纸套头

适合年龄：6~12 岁

游戏目标

训练孩子的手部力量、注意力。

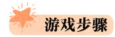

游戏步骤

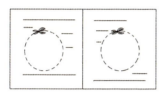

❶ 把报纸两边裁剪出和头差不多大的圈，大人蹲着和孩子同一个高度。

❷ 把报纸套在头上，大人和孩子一起走路，必须同步，不然报纸会被撕烂。

❸ 把手上的娃娃运到对面，且报纸是完整的。

❹ 如果家里有其他孩子，可以父母一组，孩子们一组比赛。

指导建议

开始游戏的时候，注意缓慢进行，因为报纸容易破，可以换成稍微硬一点的纸板代替。

31

游戏

运输弹珠

适合年龄：6~12 岁

游戏目标

增加儿童的手眼协调和精修作用。

 游戏步骤

❶ 将盆子里的弹珠运送到小口塑料瓶中，在孩子运送过程中，家长可进行适当地干扰。

❷ 让孩子了解事物有不同的大小，学会比较大小。

pk

❸ 家里有两个孩子的可以直接比较，谁运送得快有适当的奖励。

 指导建议

弹珠也可以替换成其他物品，根据孩子的实际能力来安排运输物品，不要让他有挫败感。

32

音乐摇一摇

适合年龄：6~12 岁

游戏目标

训练儿童的运动能力、精细动作、节奏感。

游戏步骤

1 家长和孩子一起用剪刀把杂志剪一块比卫生纸卷芯的横截面大些的圆形，罩在一端，用胶带将端口粘好。

2 在里面放入大约三分之一的玉米粒，然后把另一端封起来。

3 做完之后，晃动手上的卫生纸卷芯，就会听到里面有沙沙的声音。

4 家长可以打开音乐，跟孩子一边跳舞、一边摇晃。

指导建议

这个游戏可以充分锻炼孩子的动手能力，还可以体会到音乐的节奏感，家长和孩子能够得到全身心的愉悦和放松。

第三章

语言表达
能力训练游戏

1 游戏

分辨妈妈的声音

适合年龄：3~6岁

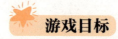

游戏目标

训练儿童对声音的分辨能力。

游戏步骤

① 当妈妈叫孩子的名字时，要让孩子有所反应，开始一定是近距离的，而且一定要让孩子能够看到妈妈。

② 妈妈和孩子可以面对面坐着或者面对面站着，叫孩子名字让孩子回答"哎"。

③ 如果孩子不回答也要让孩子看妈妈的面部，只要孩子答应了，或看向妈妈，就给孩子鼓励（给孩子食物或者亲吻她）。

指导建议

对于不回答的或根本不看妈妈的孩子，要用两手托起孩子的面颊两侧，保证他能看到妈妈，这样多次重复，每次时间可为几秒钟，渐渐加长至几分钟。随着多次训练不断强化，直到每次叫孩子都能看妈妈，并能做出相应的反应，反复的训练已基本达到目的。

2 游戏 猜猜声音来自哪里

适合年龄：3~6岁

游戏步骤

① 家长先准备两个一模一样的盒子。

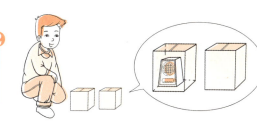

家长提前在其中一个盒子里放上音乐玩具（如迷你蓝牙音响、自动发声玩具等），不要让孩子看见。

②

③ 然后把这两个盒子放在孩子面前，让孩子仔细听听，判断声音是从哪个盒子里发出来的。

指导建议

孤独症儿童语言理解能力提升的前提，是良好的听力，因而听力训练十分重要。家长平时要多和孤独症孩子说话，锻炼他们的听力，培养他们成为一个好的听者。在孤独症儿童成长初期，家长对于孩子的影响力是巨大的，尤其是家长对孩子所说的话，父母所使用的语言词汇是对孩子最好的示范。有句话说得好，"有其父必有其子"，也就是说，父母作为子女的第一任老师，一言一行都为孩子树立了榜样。

3 游戏

跟着声音走走停停

适合年龄：3~6岁

游戏目标

训练儿童的听觉。

游戏步骤

听一听。

① 家长拿出一个玩具小鼓，首先敲敲鼓面，让孩子听听鼓面的声音，然后敲敲鼓边，再听听鼓边的声音。

告诉孩子，或者示范给孩子看，敲击鼓面的时候往前走，敲击鼓边的时候立刻停住。

③ 一开始家长敲鼓的时候，节奏慢一点儿，不要变得太快，可伴随哼哼儿歌。

喵~喵~

④ 可以让孩子在走的时候做一些特定的动作，比如模仿小猫、小兔子等。

指导建议

如果孩子分不清鼓面和鼓边的声音，那我们可以选择敲击差异较大的两个物品，比如桌面和玻璃杯。有家长朋友可能感到疑惑，不是说"语言类游戏"吗？这和说话没什么关系呀！其实大家不要把"语言"理解得太狭隘，我们"说话"的目的是交流，交流是有来有往的，所以"倾听"也非常重要。

4 游戏
呼吸的声音
适合年龄：3~6岁

游戏目标

训练儿童的呼吸及简单的发音。

游戏步骤

① 点燃一支蜡烛，放在孩子面前，距离孩子大约20厘米。

② 先教孩子模仿你吹的动作，注意家长的动作一定要夸大，张大嘴巴，声带振动，发出啊（a）……扑（p）的声音。

③ 当孩子吹气时，可能会夹杂一些声带的杂音，家长要及时给予肯定。

④ 逐渐拉远距离，看谁能吹灭，可加强化物及语言提示。

指导建议

此游戏既训练了呼吸又可以过渡到简单的发音。物品可换成口琴、哨子、纸片、气球和热水等。

5 游戏
谁在大笑大哭

适合年龄：3~6岁

游戏目标

训练儿童的胸肌、膈肌及腹肌的运动，刺激儿童发音。

游戏步骤

❶ 家长拿着孩子喜欢的手偶，准备跟孩子玩挠痒痒游戏。

我现在要挠你的手啦！

❷ 家长可以轻轻地拖着孩子的手，然后有节奏地说："我现在要挠你的手啦！"孩子被逗得发出哈哈大笑的声音。

❸ 家长趁孩子不注意，故意惹恼孩子，孩子又哇哇大哭起来。

指导建议

在游戏中刺激孩子大声地笑或跟孩子玩挠痒痒，逗孩子发出笑声，甚至故意让孩子不高兴大声地哭，都可以增加孩子的胸肌、膈肌及腹肌的运动。还可以在讲话时，有意识让孩子去摸我们的声带部位，感受发音时的振动，这都可以刺激到他发音的愿望。

6 游戏
模仿动物叫
适合年龄：3~6岁

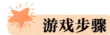
游戏步骤

❶ 家长拿出一沓动物卡片，吸引孩子的注意力。

我们一起来模仿小猪的叫声！

❷ 等孩子靠近以后，拿出一张小猪的卡片，对孩子说："我们一起来模仿小猪的叫声！"

我们一起来模仿小狗的叫声！

❸ 然后再抽出一张小狗的卡片，对孩子说："我们一起来模仿小狗的叫声！"

❹ 为了让游戏更有趣一点，我们还可以制作简单的动物转盘，和孩子一起转动转盘，等待转盘停止，模仿指针对准的动物。

指导建议

　　家长可以把不同的动物叫声录下来，让孩子多听多学多练，促进学会模仿声音的能力。模仿过程中，对于孩子发出的音家长可能听不懂，这时家长可以模仿孩子的发音，在语气、语调、声音的高低快慢上，与孩子保持一致，这样会使其感到很高兴，就会愿意去注意口型，慢慢就可能发现自己是如何发出这些音的。

7 游戏

六个元音的发音

适合年龄：3~6岁

游戏目标

提升儿童的语言发音能力。

游戏步骤

❶ 张大嘴巴发"阿——""a"，再拐一个弯，加上"姨"发出"阿姨"。

❷ 把嘴撅起，将小手卷起，放在嘴边形成一个小圆圈，发出"喔——""o"的声音。

❸ 把嘴张大，下颚往下咧，将手指放在上下齿中间，模仿大白鹅"e"的叫声。

❹ 把孩子的衣服放在旁边，边指衣服边发出"i"的声音，上下齿轻轻分开一个小缝，舌尖顶住牙齿，或教孩子认识数字"1"。

❺ 把嘴撅起往外吹气，模仿火车"呜呜——""u"的声音。

❻ 把嘴撅起不断往外送气，使嘴巴渐渐变小，发出小鱼的"鱼——""ü"音，边发音边让孩子看小鱼在鱼缸中游动。

指导建议

在互动中加深孩子的记忆，将六个不同元音字母用卡片分别贴在黑板上或墙上，边指边认，与孩子互动，让孩子模仿。

8 游戏
单音训练

适合年龄：3~6岁

游戏步骤

① 家长模仿"吃""喝"，同时辅以吃的食物或者水杯及水，边吃边做口型模仿加动作提示。

哪张是吃？
哪张是喝？

② 可拿着吃饭、喝水的图片来问孩子，"哪张是吃？""哪张是喝？"并让孩子模仿"吃"和"喝"的口形及动作。

大公鸡怎么样叫？

喔—喔—

③ 家长用手指着图片上的公鸡，问孩子大公鸡怎么样叫？和孩子一起发出"喔——喔——"的叫声。

指导建议

起初训练口型模仿，最好先选定几个好发的音节，一天之中尽量多重复多强化，从开始的偶尔发声，到频率的不断增多，再到最后的渐渐巩固，可以脱口而出。

9 游戏

叠音训练

适合年龄：3~6岁

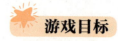
游戏步骤

① 分别准备一张爸爸和妈妈的照片，让孩子与爸爸或妈妈面对面，或让孩子坐在爸爸或妈妈的腿上。

② 逗孩子看着爸爸或者妈妈的脸，双唇紧闭，然后发出辅音"b"或者"m"的声音。

③ 然后辅以"a"的声音，分别组成爸爸或妈妈，要反复练习，读正确时亲吻爱抚孩子。

指导建议

大量的生活物品配对，对物品进行分类训练，如生活用品分类：毛巾，牙刷。服装用品分类：衣服，裤子，袜子，鞋，以及书包等，边分类边教孩子认读，仿说，以提高对物品的认识理解，丰富孩子的语言词汇。

10 游戏

训练孩子的应答反应

适合年龄：3~6岁

游戏目标

提升儿童的语言发音能力。

游戏步骤

皮皮？

❶ 多数孤独症孩子叫其名字没反应，怎么才能让孩子应答呢？

皮皮，妈妈这里有糖。

❷ 家长可以观察孩子平时的兴趣爱好，有的孩子爱吃糖，例如妈妈叫他名字前可以说："皮皮，妈妈这里有糖。"

回答"哎"可以吃哦！

❸ 孩子看到有糖，会立刻跑过来，妈妈再对孩子提出新要求，需要回答"哎"时才能得到糖。

指导建议

这样反复训练多次，接下来换成是他感兴趣的玩具，熟练后在喊他过来以后提一个新的要求，如让他看着你的脸，回答"哎"然后再给他玩具。

11 游戏

认识家庭成员（名词训练）

适合年龄：3~6岁

游戏步骤

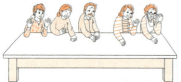

① 聚集所有家庭成员围坐在一起，妈妈教孩子指认所有家庭成员。

例如，先指着爷爷告诉孩子"这是爷爷。"然后指着奶奶告诉孩子"这是奶奶。"

②  这是爷爷奶奶。

这是外公外婆。

③ 接下来指出外公和外婆，分别教孩子说出"这是外公，这是外婆。"

最后，直接让孩子对着爸爸、妈妈说出"这是爸爸，这是妈妈。"

④   这是爸爸妈妈。

指导建议

让孩子边指边认，可能开始音不够准确，但不要操之过急，孩子认识家庭成员以后，再慢慢学会辨认常见的生活用品，如电视、钟表、桌子、椅子、空调、衣服、裤子、毛巾等，只要是孩子指对就一定要给予食物或语言的强化奖励。

12 游戏

儿歌"拔萝卜"

适合年龄：3~6 岁

游戏目标

提升儿童的语言表达能力。

游戏步骤

拔萝卜，拔萝卜，嘿呦嘿呦，
拔萝卜！嘿呦嘿呦，拔萝卜！

❶ 孩子躺在床上当萝卜，家长拎起孩子双脚脚踝往斜上方边拔边有节奏地唱"拔萝卜，拔萝卜，嘿呦嘿呦，拔萝卜！嘿呦嘿呦，拔萝卜！"

拔出来啰！

❷ 随着节奏反复弯曲和伸直孩子膝盖，最后"拔出来啰！"然后拉直孩子的腿。

萝卜洗干净啦，妈妈要来吃萝卜喽！

❸ 搓搓小脚丫，"萝卜洗干净啦，妈妈要来吃萝卜喽"。

指导建议

家长可以和孩子一起唱简单的儿歌，结合儿歌做出或自编一些动作，让整个过程变得更好玩。主要是锻炼孩子的共同关注能力、倾听能力，鼓励孩子发出声音、模仿声音。

13 游戏

宝贝开车

适合年龄：3~6 岁

游戏目标

训练儿童的平衡能力、语言能力。

游戏步骤

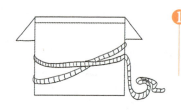

1 找一片家里杂物少的地方，把绳子系到"车"上（洗衣篮、纸箱子），用来拉车（也可以不用绳子）。

要不要兜风。

2 问问孩子要不要兜风，然后拉着"汽车"，在房间里兜圈圈。

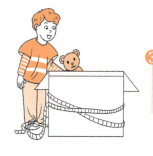

3 若孩子不愿"上车"，你可以先把毛绒玩具放进去拉着跑给他看。

宝贝今天要去哪里玩呀？我们去动物园好不好？

4 可以一边拉、一边跟孩子聊天，"宝贝今天要去哪里玩呀？我们去动物园好不好？可发出'嘟嘟''哔哔'的声音让孩子模仿。

指导建议

让哥哥姐姐或者邻居小朋友来拉也会很好玩，但是大人要在旁边进行监督，以防发生意外。

14 游戏

儿歌"幸福拍手歌"

适合年龄：3~12 岁

游戏目标

提升儿童的语言表达能力。

游戏步骤

（妈妈带领孩子一边唱歌，一边做以下动作）

如果感到幸福你就拍拍手！

❶ 如果感到幸福你就拍拍手（拍手两下）
如果感到幸福你就拍拍手（拍手两下）
如果感到幸福你就一起拍拍手吧，我们大家都
来一起拍拍手（拍手三下）

如果感到幸福你就踩踩脚！

❷ 如果感到幸福你就踩踩脚（踩脚两下）
如果感到幸福你就踩踩脚（踩脚两下）
如果感到幸福你就一起踩踩脚吧，我们
大家都来一起踩踩脚（踩脚三下）

如果感到幸福你就拍拍肩！

❸ 如果感到幸福你就拍拍肩（拍肩两下）
如果感到幸福你就拍拍肩（拍肩两下）
如果感到幸福你就一起拍拍肩吧，我们
大家都来一起拍拍肩（拍肩三下）

指导建议

　　家长可以和孩子一起唱简单的儿歌，结合儿歌做出或自编一些动作，让整个过程更好玩一点。尽管由家长主导"唱"儿歌，但我们要善于调动孩子来跟着唱，活用"停顿和中止"，让孩子"接唱"。

15

儿歌"小手拍拍"

适合年龄：3~12 岁

 游戏步骤

妈妈带领孩子一边唱歌，一边做以下动作。

❶ 小手小手拍拍，小手小手摆摆，我把小手举起来。

❷ 小手小手拍拍，小手小手摆摆，我把小手握起来。

❸ 小手小手拍拍，小手小手摆摆，我把小手藏起来。

❹ 小手小手拍拍，小手小手摆摆，我把小手变出来。

 指导建议

　　我们可以把儿歌中的"小手"换成我们想教的其他词语，比如"耳朵耳朵捏捏，耳朵耳朵摸摸，我把耳朵揪起来"，这个难度就比小手单独做动作又更高了一点儿。儿歌的节奏和旋律是不变的，但是我们可以根据实际情况，去改编儿歌，加入我们想教的东西。

16 游戏 学会打招呼

适合年龄：3~12岁

游戏目标

提升儿童的语言表达能力。

游戏步骤

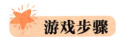

明明，爸爸去上班了！

爸爸再见！

① 爸爸早上出门上班前，先主动跟孩子打招呼，说："明明，爸爸上班去了！"妈妈告诉孩子也得跟爸爸打招呼，教孩子说："爸爸再见！"

明明，阿姨来看你了！

李阿姨好！

② 邻居李阿姨来家里做客，主动跟孩子打招呼，说："明明，阿姨来看你了！"妈妈告诉孩子得跟李阿姨打招呼，教孩子说："李阿姨好！"

李阿姨，再见！

③ 李阿姨准备回家了，妈妈告诉孩子得跟李阿姨打招呼，教孩子说："李阿姨，再见！"李阿姨也跟孩子挥手再见。

爸爸，你回来了！

④ 爸爸晚上下班回家了，妈妈告诉孩子得跟爸爸打招呼，教孩子说："爸爸，你回来了！"

指导建议

教给孩子学会礼貌用语，先示范给他看，再帮助他说出该说的话，最后达到他自己说的效果。

17 游戏
训练孩子对动词的理解

适合年龄：6~12岁

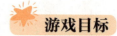

游戏目标

训练孩子对动词的理解。

游戏步骤

❶ 在家中放一大盆水，里面放上平时孩子喜欢的玩具，有小塑料瓶或各种用过的化妆瓶以及塑料小玩具等。

让孩子把大瓶中的水倒入小瓶中，再把喜欢的各色塑料珠子放进瓶子中，让孩子去观察，其中要重点突出"倒""放"等动词。 ❷

❸ 将生活中的内容如妈妈吃饭、爸爸开车中的动词"吃""开"重点突出，让孩子理解。

这是妈妈的什么？

将家庭成员的物品，如衣服、书包、鞋、毛巾等分别摆放在孩子面前，让孩子进行配对语言的双词训练，如让孩子找出妈妈用的毛巾，边让孩子找，边问孩子"这是妈妈的什么？" ❹

指导建议

一方面让孩子理解，一方面让孩子按照指令去做并同时训练发音，做对了给予物质强化，还可以把上述动词用到其他活动中，使孩子逐渐理解、掌握、运用。此外，也能加深孩子对物品的认知理解及反问句的表达。

18 游戏

训练孩子对动宾词组的理解

适合年龄：6~12岁

 游戏目标 训练孩子对动宾词组的理解。

 游戏步骤

❶ 家长在孩子最需要也是最渴的时候出现，只要孩子模仿发出"喝水"，就一定要给水喝，记住，一次不要给太多。当孩子喝完还要时，家长可以继续让孩子说出"喝水"。

去把杯子找出来。

❷ 家长下次再遇到孩子需要喝水时，提示孩子喝水要去把杯子找出来。

喝水用什么？

❸ 遇到孩子需要喝水时，家长还可以进行反问句训练，如问孩子"喝水用什么？"

杯子是做什么用的？

❹ 当孩子对应回答后，家长再反过来问"杯子是做什么用的？"

 指导建议

让孩子边做动作边与词配对，如喝水去找杯子，写字去找笔和纸，切西瓜去找刀，让孩子既可以做出动作，又可以去与名词配对，并能发出动宾词组，还可以进行反问句训练，如问孩子"喝水用什么？切西瓜用什么？写字用什么？"让孩子一一对应回答，然后再反过来问"杯子是做什么用的？刀或笔是做什么用的？"让孩子学会理解，加深记忆表达。

19 游戏

让孩子做选择回答

适合年龄：6~12 岁

游戏目标

提升儿童的语言组织能力。

游戏步骤

① 妈妈准备一本书、一副眼镜、一面镜子、一个足球，吸引孩子过来。

明明，你看这些物品怎么安排好呢？

② 对孩子说："明明，你看这些物品怎么安排好呢？"等待孩子开口说话。

③ 孩子可能说："妈妈戴眼镜，爸爸看书，我要踢足球。"

指导建议

这些物品之间没有任何联系，只是让孩子从不同方面进行选择，以不断扩充孩子的知识面并提高孩子的语言组合能力。

20 游戏
方位词训练（上下里外）

适合年龄：6~12 岁

★ **游戏目标**　提升儿童的语言表达能力。

★ **游戏步骤**

❶ 妈妈先把面包放在桌子上，足球放在地上，然后叫孩子过来看。

面包在桌子上还是地上？
足球在床上还是地上？

你真棒！

然后妈妈提问："面包在桌子上还是地上？足球在床上还是地上？" ❷

❸ 如果孩子给出正确答案，妈妈拥抱一下孩子，对他说："你真棒！"

❹ 如果孩子分不清，妈妈告诉孩子正确答案。

💡 **指导建议**

　　教会孩子认识不同人物及物体的不同方位词。这个游戏可以拓展到问孩子"图中的苹果是在树上？还是在地上？还是在筐里？"让孩子依据图中的内容选择答案，再不断扩大范围，"小鸟是在树上？还是落在房子上？还是在窝里？"等。不要刻意强调名词在前还是动词在前，也不要过分强调音准，以及句式上的前后颠倒等。

21

 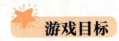

形容词理解及表达

适合年龄：6~12岁

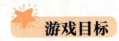

游戏目标

提升儿童的语言组织能力。

 **游戏步骤**

哪个大哪个小？

1

爸爸给孩子一个大篮球，爸爸拿着一个小皮球，将二者放在一起比较，告诉孩子哪个大哪个小。

要大的还是要小的？

2

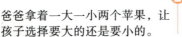爸爸拿着一大一小两个苹果，让孩子选择要大的还是要小的。

要长的还是要短的？

3

爸爸拿着一长一短两把尺子，让孩子选择要长的还是要短的。

想吃粗的还是细的？

4

爸爸拿出两种粗细不同的面条，问孩子想吃粗的还是细的。

 指导建议

教会孩子认识大小，多少，长短，高矮，胖瘦，薄厚，粗细等，将日常生活中的物品按照一定规律相互配对，让孩子边学语言边加深记忆理解，如：将食物，玩具按大小分类或配对，对于大和小的概念，可以将二者形成鲜明对照。

22 游戏

像我这样说1（两个比较对象）

适合年龄：6~12 岁

  游戏目标　提升儿童的语言表达能力。

  游戏步骤

桃子粉粉的。

❶ 孩子认识了颜色以后，家长先示范说"桃子粉粉的"，然后引导孩子想想还有"××粉粉的"，两个人轮流说下去。

大树高高的，小草矮矮的。

❷ 进阶一下，家长把一对反义的形容词交替说，"大树高高的，小草矮矮的"，然后让孩子接着来说。

马路长长的，头发短短的。

❸ 如果孩子说不上来，家长可以接着再说"马路长长的，头发短短的"，引导孩子再想想接着说下去。

  指导建议

两个比较对象之间开始一定要有明显的差距，以便很容易区分，这样孩子掌握起来和分辨的时候易于区别。

23 游戏

像我这样说2（简单的短句）

适合年龄：6~12岁

游戏目标

提升儿童的语言表达能力。

游戏步骤

① 爸爸先说："我喜欢看书"，然后引导孩子说出其喜欢干什么，孩子想了想，说："我喜欢看电视。"

② 妈妈先说："西瓜红红的"，然后引导孩子说出西瓜还有什么特性，孩子想了想，说："西瓜甜甜的。"

③ 爸爸先说："我打开门"，然后引导孩子说出类似的动作，孩子想了想，说："我关上门。"

④ 妈妈先说："我有一支笔"，然后引导孩子说出她有什么，孩子想了想，说："我有一本书。"

指导建议

　　根据孩子的语言水平，家长说简单的短句，引导孩子去替换句子中的动词或名词。这个游戏也适合多人一起玩，这样能给孩子更多语言词汇上的启发。在孩子会说简单的短句之后，是时候来挑战孩子的记忆力啦！

24 游戏

像我这样说3（固定主题）

适合年龄：6~12 岁

游戏目标　提升儿童的语言表达能力。

游戏步骤

 小狗汪汪叫。

小鸟叽叽叫。

1 妈妈：小狗汪汪叫。孩子：小鸟叽叽叫。（动物）

葡萄酸酸的。

2 妈妈：苹果甜甜的。孩子：葡萄酸酸的。（水果）

馒头白白的。

巧克力黑黑的。

3 妈妈：馒头白白的。孩子：巧克力黑黑的。（食品）

头发长长的。

手指短短的。

4 妈妈：头发长长的。孩子：手指短短的。（身体部位）

指导建议

　　孩子和家长围绕某一个固定的主题说话，不一定要对仗那么工整，孩子有这个意识就可以。如果孩子开始时不会玩，我们可以用卡片来做"视觉提示"，等孩子明白规则，能比较好地说出句子时，我们可以慢慢撤出卡片。

25 游戏

提出简单的要求

适合年龄：6~12岁

游戏目标

提升儿童的语言表达能力

游戏步骤

妈妈，我要喝水。

① 喝水时，妈妈故意给孩子的杯子里装很少的水，在其喝完还需要时，辅助其用语言提出要求，再去满足。

要勺子。

② 在孩子吃饭时，可以只给孩子碗，不给其勺子，等待孩子说"要勺子"。

要牙刷。

③ 在孩子刷牙时，可以不给孩子牙刷，等待其说"要牙刷"。

孩子要画画，只给其纸，不给笔，等待孩子向妈妈要笔时，再把笔递给孩子。

 指导建议

家长应当学会创造一定的情境，同时也让孩子学会等待，会用简单语言提出要求。

26

游戏
说出简单句子

适合年龄：6~12岁

游戏目标

提升儿童的语言表达能力。

游戏步骤

去哪里？干什么？

❶ 带孩子到公共场所时，问问孩子"要去哪里？""干什么？"

❷ 给孩子提供选项，去超市买面包，去动物园看猴子，去沙滩堆沙堡，然后等待孩子回答"想去什么地方？和谁一起去？"

想去什么地方？和谁一起去？

去超市买面包

去动物园看猴子

去沙滩堆沙堡

❸ 如果孩子说："我想和妈妈一起去超市。"妈妈可以带着孩子去超市逛一逛。

我想和妈妈一起去超市。

指导建议

建议家长可以利用图片，也可以让孩子亲自体验不同场所对他的需要以及满足感。

27

游戏

空与满、近与远

适合年龄：6~12 岁

游戏步骤

哪个空？哪个满？

❶ 在地板上放两只空的篮子，在一只篮子中放一些玩具，告诉孩子空与满的区别。然后把玩具从一只篮子全部倒到另一只篮子内，再问孩子哪个空，哪个满。

❷ 背靠墙并排坐在地上，从两腿之间滚出一个球，让孩子也这么做。

哪个球滚得近，哪个球滚得远？

❸ 然后，问孩子哪个球滚得近，哪个球滚得远。

指导建议

介绍空与满、近与远的概念，而后可以拓展到教孩子数数，发展大动作和精细动作技能。

28

游戏

学会打电话

适合年龄：6~12岁

游戏目标

提升儿童的语言表达能力。

游戏步骤

❶ 妈妈准备了两个玩具电话，然后对孩子说："明明，现在假装妈妈不在家，给你打电话哈！"明明点了点头。

> 明明，现在假装妈妈不在家，给你打电话哈！

❷ 妈妈对着电话说："明明，你在家里干什么呢？"引导孩子做出回复，孩子可以说："我在家里看电视。"

> 明明，你在家里干什么呢？

> 我在家里看电视。

❸ 引导孩子主动给妈妈打电话，可以说："妈妈，你什么时候回家呀？"妈妈回复说："还有半个小时就到家了。"

> 还有半个小时就到家了。

> 妈妈，你什么时候回家呀？

❹ 然后妈妈又对着电话说："明明，妈妈去超市买了你爱吃的排骨，晚上给你做红烧排骨。"孩子对着电话说："妈妈，这真是太好了！"

> 明明，妈妈去超市买了你爱吃的排骨，晚上给你做红烧排骨。

> 妈妈，这真是太好了！

指导建议

我们既可以用经典的"纸杯＋毛线绳"的听筒电话，也可以用玩具电话模拟，孩子假想能力好的话，直接用手比作电话也不错。

29 游戏 传递悄悄话

适合年龄：6~12 岁

提升儿童的语言表达能力。

游戏步骤

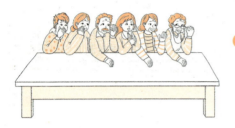

❶ 家庭所有成员坐成一排，从左到右悄悄传递一句话，最后一个人大声说出听到的话，由第一个人来检验是否准确。

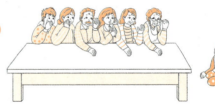

❷ 孩子在游戏过程中需要专心倾听别人的悄悄话并记忆，还要控制自己的音量，小声又清晰地把话传给下一个人。

❸ 如果孩子不太理解这个游戏，家长可以把他放在前面或者最后一个，先让他体验一下游戏的形式，然后再把孩子放到队伍中段来完成"倾听"和"传话"的任务。

指导建议

当儿童熟练掌握传话游戏后，可以边说边增加一些动作辅助理解"悄悄话"的内容，让儿童在传话的过程中锻炼大肌肉的能力。在儿童顺利完成复述内容以后，家长可以适当增加字数。

游戏 复述数字

适合年龄：6~12岁

游戏步骤

1、2

1、2

① 家长先吸引儿童注意，当儿童注视家长时，家长开始先报简单的 1 ~ 2 个数，让儿童复述。

1、2、3

1、2、3

② 如果儿童能准确复述，家长再不断地增加一个数，让儿童继续复述。

2、3、5、6

2、3、5、6、8

③ 每次复述只增加一个数。比如，家长报"235"，儿童重复一遍，家长再报"2356"，儿童再重复，家长报"23568"，儿童再重复，以此类推。

指导建议

孩子能记住的越长越好，但也要看程度适可而止。坚持每天一练。孩子在不断复述当中，注意力必须高度集中，从而既锻炼了记忆力，又锻炼了注意力。在儿童熟练游戏规则后，加入简单的加减法，先让儿童读数并说出结果，家长再复述一遍。

31

游戏

我当天气预报员

适合年龄：6~12 岁

游戏目标

提升儿童的语言表达能力。

游戏步骤

❶ 爸爸提前制作一些表示天气的卡片，教孩子认识不同天气的标识，等孩子熟悉图形后，我们就可以让孩子来扮演"天气预报员"。

明天天气怎么样？

❷ 先让孩子抽一张天气卡，然后爸爸问"明天天气怎么样？"然后由孩子为爸爸播报天气。

明天刮大风呢，我穿什么衣服合适呢？

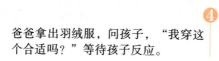

❸ 爸爸可以接着问孩子，"明天刮大风呢，我穿什么衣服合适呢？"等待孩子反应。

我穿这个合适吗？

❹ 爸爸拿出羽绒服，问孩子，"我穿这个合适吗？"等待孩子反应。

指导建议

家长可以在"天气"这个话题上不断拓展。家长可以根据天气来做一些对应的动作，比如，温度很低，爸爸紧紧抱住自己的胳膊；下雨了，爸爸做打伞的动作，或者说"哎呀忘记带伞了"，然后用手挡住头顶等。

32

游戏

我当售货员

适合年龄：6~12岁

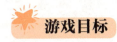

游戏目标

提升儿童的语言表达能力。

游戏步骤

① 和孩子一起准备家里可以用来售卖的各种物品，摆一个小桌子，搭建简易的超市环境。

② 带孩子去超市多感受几次如何购物，售货员如何收款等，帮助孩子了解购物流程。

③ （妈妈和孩子一起当售货员，爸爸充当来超市购物的人）爸爸走进超市，问售货员："请问，这里有牛奶吗？"

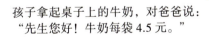

④ 孩子拿起桌子上的牛奶，对爸爸说："先生您好！牛奶每袋4.5元。"

指导建议

我们可以让孩子做售货员、导游、餐厅服务员等，选择孩子感兴趣的场景。

第四章

生活自理能力训练游戏

1 游戏 学会洗脸

适合年龄：3~6岁

游戏目标

提高儿童生活自理能力，教孩子学会洗脸的同时，加深对语言的理解。

游戏步骤

❶ 教孩子认识自己的五官名称，了解洗脸过程中会用到的物品，如毛巾、香皂、漱口杯等物品。

❷ 家长先打开水龙头让水流出来，再让孩子摸一摸水是烫的、还是凉的或温的，并通过表情、动作让孩子理解语言，把香皂抹一抹，双手搓一搓，用水冲一冲，让孩子能逐渐听懂指令，做出相应的动作。

❸ 教孩子用毛巾擦干手，用毛巾擦擦脸，擦擦眼睛、鼻子、嘴及耳朵等，然后照照镜子，看看自己洗干净的脸，洗干净的手，并通过高兴的表情以及口形的不断变化，加深对语言的理解。

指导建议

家长说毛巾、香皂、脸、鼻子、嘴、手、镜子等时，可以边拿实物边发音，边指五官边发音，有助于促进孩子自我意识的发展。建议配上下面的儿歌：眼睛在哪里？眼睛在这里，用手指出来。嘴巴在哪里？嘴巴在这里，用手指出来。耳朵在哪里？耳朵在这里，用手指出来。鼻子在哪里？鼻子在这里，用手指出来。游戏过程应该是愉快和积极的。当孩子完成任务并掌握了洗脸技巧后，家长可以给予奖励和赞扬。这些都有助于提高孩子的自信心和改善他们的社交能力。

2 游戏 学会刷牙

适合年龄：3~6岁

 游戏步骤

❶ 家长拿出一把牙刷，跟孩子说"这个长长的，是"牙刷"，这个肚子有东西的是"牙膏"，这是漱口杯和湿毛巾。同时让儿童仿说"牙刷、牙膏、漱口杯、湿毛巾"这几个名词。

家长用漱口杯准备好温开水，然后带着孩子一起用手指扭开牙膏盖，拿起牙膏，将适量的牙膏挤在牙刷头上，再用手指扭合牙膏盖。 ❷

❸ 家长和孩子一起拿起牙刷，放入口里上下、左右刷牙，然后拿起漱口杯含一口水漱口，将水和牙膏泡沫吐出。

最后再一起用水冲洗牙刷和漱口杯，用毛巾把脸擦干净。 ❹

 指导建议

将刷牙的时间控制在2分钟左右，根据孩子的实际情况适当缩短或延长，避免过长时间刷牙导致口腔疲劳或者不适。家长可以借助一些教具或者动画视频等辅助工具，例如利用卡通形象、歌曲等方式增加趣味性和吸引力，激发孩子的学习兴趣和好奇心。

3 游戏
涂抹润肤霜
适合年龄：3~6 岁

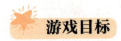

游戏目标

锻炼儿童的注意力及触觉。

游戏步骤

❶ 爸爸将润肤霜涂抹在自己的脸上，让孩子过来摸摸爸爸的脸，如果孩子感兴趣，可以涂抹少许在他的脸上。

❷ 鼓励孩子用双手把润肤霜涂抹到身体的不同部位，例如：脚、脸、胳膊、腿等。

❸ 爸爸把润肤霜挤出来放在手上，然后用润肤霜在镜子上写了一个"香"字。

❹ 孩子模仿爸爸的动作，也用润肤霜在镜子上写了一个"香"字。

指导建议

可以把润肤霜变换成其他物品，如剃须膏或者泡泡液，玩的过程中，不要让孩子把这些不宜食用的东西吃下去。

游戏
按扣积木

适合年龄：3~6岁

游戏步骤

❶ 家长多准备一些条状的按扣积木。

引导孩子将两个条状按扣积木上的扣眼与按扣对准按扣。组合成不同造型的物体，如小动物、水果、树木、城堡等。

❷

❸ 也可以试着把几块积木结合起来，组成新的形状或做出各种各样的主题形状。

指导建议

在游戏过程中，可以注重细节和创意，让孩子们在设计和组装中发挥自己的创造力。可以引导孩子按照主题或场景做出不同的形状，或者加入其他小物件，如纸张、贴纸、玩具等，让积木组成的模型更加生动有趣。

游戏

给娃娃穿衣服

适合年龄：3~6 岁

锻炼儿童做出选择和操控的能力。

 **游戏步骤**

娃娃今天要去公园玩，我们帮它选一件漂亮的衣服吧！

① 妈妈跟孩子商讨并做出选择，妈妈可以说："娃娃今天要去公园玩，我们帮它选一件漂亮的衣服吧！"

② 然后在桌上摊开所有要让孩子挑选的娃娃衣服，让孩子做出选择。

③ 家长示范将衣服往娃娃的头上套下去，双手从两个袖子穿过，再往下一拉，最后再整理下衣服。

💡 **指导建议**

为了让游戏更有趣味性，可以准备不同款式、颜色和尺寸的娃娃衣服，增加孩子的选择范围，并促进其审美和认知发展。在示范如何给娃娃穿衣服时，家长可以适当地引导和帮助孩子，例如指导孩子使用正确的方式将衣服套在娃娃身上，并鼓励孩子自己动手完成衣服的整理和调整。

6 游戏
学做彩链

适合年龄：3~6 岁

游戏目标

提高儿童生活自理能力，培养儿童的动手操作能力。

游戏步骤

① 准备 10 根各色布条（长 8 厘米、宽 1.5 厘米），布条的一头缝有纽扣，另一头有扣眼。

② 家长示范，将一根彩条的两端对扣后，拿另一根彩条从中穿过，再将扣子扣住，以此类推。

③ 让孩子把不同颜色的布条有规律地扣在一起，做成彩链布置在家里。

指导建议

家长示范动作要清晰准确，速度不宜过快，以便孩子掌握游戏方法。

7 游戏
穿珠引线

适合年龄：3~6 岁

游戏目标

锻炼儿童的专注力、双手协调、手眼协调的灵活性。

游戏步骤

① 准备 10 颗不同颜色的珠子和 1 根细绳。

② 家长一手拿珠子，一手拿线，边串珠边用言语提示穿珠过程。

你做得真棒！

③ 鼓励孩子模仿家长的样子，自己动手穿珠子。在孩子穿珠的过程中，家长适当给予鼓励。可以对孩子说："你做得真棒！"

💡 指导建议

开始游戏的时候不要放太多的珠子。穿珠子时，可以一边穿一边学习认识颜色。

8 游戏 踩果子

适合年龄：3~6岁

游戏目标

锻炼儿童的协调能力、反应能力和数学概念。

游戏步骤

① 家长把缝有魔术贴的果子放在地毯上，与孩子分别坐在椅子上。

> 看看我们谁踩到的果子多。

② 家长指挥"开始"，和孩子一起快速穿上袜子，穿完后到地毯上踩果子，同时说："看看我们谁踩到的果子多。"

③ 家长喊停后，让孩子将贴在袜上的果子取下来数数。

指导建议

可以根据孩子的年龄和实际情况对游戏进行适当的调整，例如更换不同种类的果子、增加或减少游戏时间等，从而使游戏更具挑战性和趣味性。

9 游戏 擦镜子

适合年龄：3~6岁

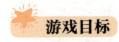
游戏目标

培养孩子生活技能，锻炼认知能力的同时，让孩子更了解五官。

游戏步骤

❶ 爸爸坐在镜子前，把泡泡的清洁剂喷到镜子上，把自己镜子里的脸挡住一部分。

❷ 然后给孩子示范，从左到右，从上到下将泡泡擦掉，还原本来的样子。

❸ 让孩子照镜子，爸爸把孩子的脸挡住一部分，让孩子把遮挡部分擦掉，看到镜子里的自己。

❹ 引导孩子观察镜子里的自己，然后口头表扬孩子："哇！你真棒，镜子擦得真干净！"

指导建议

刚开始可以只遮挡一个部位让孩子练习，比如：只遮挡鼻子、嘴巴或者眼睛，等孩子掌握了擦拭的技巧时，再逐渐扩大遮挡范围。

10 游戏

贴胶带

适合年龄：3~6岁

游戏目标

加强儿童精细动作技能，了解因果关系。

游戏步骤

1 妈妈在孩子衣服上粘一条胶带，示意孩子撕下来，让孩子体会撕下胶带的乐趣。

然后妈妈在自己衣服上也粘上胶带，引导孩子帮自己撕下胶带。可以说："妈妈被粘住不能动了，你来帮帮我好吗？"

谢谢你，我得救了！

3 这时孩子会主动帮妈妈撕下胶带，妈妈对孩子的行为表示感谢"谢谢你，我得救了！"

指导建议

胶带要选择易撕下的类型，并确保胶带没有过度黏性以避免对衣服等物品造成损害。家长应注意观察孩子的操作技巧和方法，并及时纠正不当行为。

11 游戏
喂动物吃饭

适合年龄：3~6岁

游戏步骤

1 家长将动物模型盒子放在桌面上，让小动物与孩子面对面。

2 家长把木珠放入碗里，让孩子用汤匙从碗里舀起木珠，对孩子说："小兔子饿了，我们来喂它吃饭吧！"

小兔子饿了，我们来喂它吃饭吧！

3 孩子在家长的提示下将小木珠放入动物模型盒子里，喂小动物吃饭。

指导建议

家长可选用不同颜色或大小的珠类进行此活动，也可以将珠类改为其他小动物爱吃的食物，以提高儿童的兴趣，丰富他们的感知经验。

12 游戏 彩色泥浆

适合年龄：3~6 岁

游戏步骤

❶ 妈妈将玉米淀粉和水倒进碗中，把水与淀粉充分融合成浓稠状的糊糊，让孩子观察融合的过程。

妈妈把糊糊拿在手中塑造成球形给孩子观察会有什么变化。

你也试试！

❸ 让孩子拿起一块糊糊，妈妈对孩子说："你也试试。"

让孩子自由发挥，不管糊糊被孩子塑造成什么形状，家长都给予孩子鼓励。

指导建议

家长应该鼓励孩子用泥浆制作自己喜欢的形状和造型，同时注意让孩子爱护周边环境，避免造成污染。

13 游戏 钓鱼

适合年龄：3~6 岁

游戏目标

培养儿童大动作技能。锻炼手眼协调和动作控制能力。

游戏步骤

① 家长在孩子最喜欢的玩具上绑一根绳子。

② 把绳子绕在家具上，让孩子走到跟前把玩具拉出来，模仿钓鱼的方式。

你做得真好！

③ 成功拉出玩具后，家长鼓励孩子"你做得真好！"

指导建议

家长在游戏过程中要持续鼓励孩子，让他们感受到成功的喜悦，并适当提供指导和支持。同时，也需要注意孩子的安全，确保绳子不会缠绕在孩子身上或太过紧绷，避免潜在危险。

14

游戏

扣纽扣

适合年龄：6~12 岁

游戏目标

提高儿童眼手协调能力，培养孩子的耐心。

 游戏步骤

❶ 准备几件娃娃的衣服（对襟）放在孩子面前。

来，我们给娃娃挑选一件漂亮的衣服！

❷ 妈妈跟孩子商讨并做出选择，妈妈可以说："来，我们给娃娃挑选一件漂亮的衣服！"

❸ 让孩子选好衣服，妈妈示范一手拿着纽扣，另一手拿着衣服另一边。把纽扣与扣眼对齐扣上。

❹ 让孩子学习以双手配合的方法扣纽扣。

 指导建议

加强儿童认识处理系扣物的程序和空间位置等概念。要让孩子多练习手指的运动力，观察孩子扣纽扣时抓着力，双手协调的程度及状态，包括所谓运动企划的成熟能力。

15 游戏

穿丝带

适合年龄：6~12 岁

游戏目标

提高儿童生活自理能力，培养儿童精细动作的能力。

游戏步骤

1 家长在纸板的中心戳几个小孔，让孩子拿着丝带穿过小孔。

2 穿完一条丝带后，家长鼓掌给予鼓励，再给孩子一条丝带说："这次你拿一条红色的丝带穿好不好？"

3 重复步骤 2 几次之后，家长拎住一端的几条丝带，让孩子拿住纸板的同时，把丝带抽出来。

指导建议

在游戏开始前，可以和孩子一起观察丝带的颜色、材质等特点，让孩子逐渐了解不同类型的丝带。同时也可以引导孩子学习如何正确握持和控制丝带，以提高精细动作能力。

16 游戏 系鞋带

适合年龄：6~12 岁

游戏目标

提高儿童生活自理能力，让儿童学会系鞋带。

游戏步骤

①  将纸板做成鞋子的形状，并穿孔。

②

妈妈拿左脚纸板，孩子拿右脚纸板。

 ③

妈妈示范穿鞋带。穿进一个孔之后对孩子说："像妈妈这样，把鞋带从这里穿过去。"

你真棒，我们继续吧！

孩子模仿妈妈，成功把鞋带穿进孔后，妈妈口头表扬孩子："你真棒，我们继续吧！"

④

 ### 指导建议

游戏的同时，在旁边贴上系鞋带的步骤图指导孩子，为了增加乐趣，还可以把纸板涂成彩色的。当孩子动作熟练以后，可以试试给鞋子穿鞋带。

17 游戏

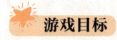

剪指甲

适合年龄：6~12岁

游戏目标

培养儿童手部的灵活度，还可以培养儿童讲卫生的好习惯。

游戏步骤

① 在卡纸上画出孩子双手的手掌和指甲形状，然后剪下来。

② 家长拿着左手卡纸，孩子拿着右手卡纸，同时拿着小指甲钳。

你看，指甲太长了，我们一起把它剪下来好不好？

③ 妈妈告诉孩子："你看，指甲太长了，我们一起把它剪下来好不好？"

④ 在孩子不排斥的情况下，为做出的卡纸剪指甲。

💡 指导建议

可以让孩子慢慢练习，开始时，可以只剪"一下"，只要孩子允许，家长就要表扬强化。1~2天后，家长可以试着剪"两下"或者"多下"，循序渐进，直到孩子可以完成整个程序。

18

叠叠乐

适合年龄：6~12岁

游戏目标

提高儿童生活自理能力，学会自己整理袜子。

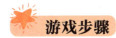
游戏步骤

袜子洗好了，来帮妈妈收一下，好吗？

❶ 妈妈跟孩子说："袜子洗好了，来帮妈妈收一下，好吗？"

妈妈将多双袜子平放在桌上或者床上，让孩子模仿自己，将袜子对折好。

❸ 妈妈拿着一个箱子，在旁边接孩子折好的袜子。

指导建议

可以根据孩子掌握情况，适当增加难度。按袜子颜色、大小或类别进行练习。

19 游戏

袜子在这里，衬衣在那里

适合年龄：6~12岁

 游戏目标 提高儿童生活自理能力，锻炼记忆力和良好的生活习惯。

 游戏步骤

❶ 家长在孩子的衣柜外放上相应的图片，并在每张图片上标出相应物品的名称。

哪里可以找到袜子？
哪里可以找到衬衣？

❷ 孩子观察图片后，妈妈开始提问："哪里可以找到袜子？""哪里可以找到衬衣？"

❸ 如果孩子能准确找到放"袜子""衬衣"的衣柜，家长立即给予奖励。

 指导建议

可以适当增加难度，逐步减少图片的提示，只给予口头提示等。

20 游戏 当个照相机

适合年龄：6~12 岁

游戏目标

提高儿童观察辨别事物、建立联系和分类的能力。

游戏步骤

❶ 家长准备 5 ~ 10 件孩子常接触的物品放桌子上，并让孩子记住这些物品。

接着家长让孩子捂住眼睛，自己用一块布盖住其中几个物品。 **❷**

看看什么不见了？

❸ 让孩子睁开眼睛，引导孩子说出桌上少了哪些物品，如"看看什么不见了？"

指导建议

如果孩子能力有限，可以适当减少游戏物品，降低难度，从而增强孩子玩游戏的积极性。

21

游戏 整理画册

适合年龄：6~12岁

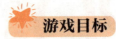

游戏目标

提高儿童生活处理能力，学会整理和收纳。

游戏步骤

今天家里大扫除，来帮妈妈一起整理画册吧！

① 妈妈给孩子买了很多画册，每天讲实用的社交故事。"今天家里大扫除，你来帮妈妈一起整理画册吧！"

② 和孩子一起把画册从高到低、从左到右排列好。

③ 利用这次大扫除，帮孩子建立起随手收画册的习惯。

指导建议

整理的同时，也帮助孩子了解大小、高低和空间方位，养成整理物品的好习惯。

22

游戏

学习换床单

适合年龄: 6~12岁

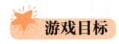

游戏目标

提高儿童生活自理能力，学会换床单的技能。

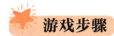

游戏步骤

① 家长带着孩子一起做一遍：
第一步，先把枕头、被子和旧床单挪开；
第二步，铺上新床单，整理、铺平、掖好床单边缘；
第三步，把枕头和被子归位。

刚开始，家长首先完成第一步和第二步，第三步留给孩子完成。

②

③ 当孩子能独立完成第三步之后，家长改为完成第一步，第二步和第三步留给孩子完成。

指导建议

家长应该耐心细致地演示每一步骤，并重点强调每个环节的注意事项和技巧，让孩子更容易理解掌握。同时，家长也应该给予及时的鼓励和表扬，让孩子在成功完成每一个步骤后感到自豪和满足。可以将换床单的游戏融入日常生活中，例如在周末晨间整理卧室时，让孩子负责换床单，并与家长一起提前准备好所需物品，包括床单、枕套、被套等，让孩子更深刻地体会到生活自理的重要性和实用性，提高其生活技能水平。

23 游戏

勤劳的搬运工

适合年龄：6~12 岁

游戏目标

提高儿童生活自理能力、四肢肌肉能力和平衡能力。

游戏步骤

❶ 给孩子安排一个任务——做个搬运工，让他先把小桌子推到门口。

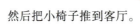
❷ 然后把小椅子推到客厅。

❸ 最后自己推着小车子散步。

你可真是一位优秀的搬运工！

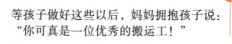
❹ 等孩子做好这些以后，妈妈拥抱孩子说："你可真是一位优秀的搬运工！"

指导建议

在孩子直立推物的时候，四肢肌肉能力、平衡能力都得到了很好的锻炼，同时也是直立行走的一种训练方式。可以指定孩子搬运不同的物品到不同的地方，鼓励孩子做一些力所能及的事情。根据孩子的实际能力来安排重量，减少摩擦力，不要让他有挫败感。

24 游戏 包糖果

适合年龄：6~12岁

游戏目标

提高儿童的动手能力。

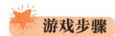

游戏步骤

小猫想吃糖了，我们一起包糖果给它吃吧！

① 妈妈准备木珠、糖果纸和一个动物玩具，对孩子说："小猫想吃糖了，我们一起包糖果给它吃吧！"

妈妈示范，将木珠放在糖果纸的中下方，将糖果与糖果纸一起向上卷起来，最后将两头的糖纸分别收拢并扭紧即可。

②

③ 孩子自己操作，妈妈同步纠正指导。

小猫，我们给你送糖果来了！

包好后，妈妈引导孩子说："小猫，我们给你送糖果来了！"

④

指导建议

家长结合孩子的探索情况，重点示范包的过程，拧的动作技巧。

25 游戏

盒子去哪了

适合年龄：6~12岁

游戏目标

训练儿童的空间想象、精细动作、模仿能力。

游戏步骤

1 家长准备各种形状大小、不易碎的食物容器，也可以准备一些能够放进容器里的小杯子。

让孩子远离炉灶，摊开容器，给孩子看看小的容器是怎么放到大的容器里的。或者趁他没看见的时候，把小的容器放到大的容器里。 **2**

盒子去哪了？

3 家长问孩子"盒子去哪了？"孩子会很高兴地自己探索。

💡 指导建议

家长可以引导孩子使用不同大小和形状的容器进行尝试，并鼓励他们提出新想法和方法。

26

游戏

厨房小能手

适合年龄：6~12岁

游戏目标

提高儿童生活自理能力。掌握家务技能，增强儿童的自信。

游戏步骤

① 家长准备不同形状、大小和颜色的调料瓶、罐、盒等物品，并标注名称，将这些物品放在桌子上，让孩子辨认和认识它们。

闻闻它的味道，跟你喜欢吃的水果糖一样吗？

②

家长向孩子介绍每种调料的用途和口味，并鼓励孩子闻一闻或尝一尝，让他们从感官上接触调料。如"闻闻它的味道，跟你喜欢吃的水果糖一样吗？"

③ 家长倒一些饮料或食物残渣放入碗中，让孩子洗一些碗和盘子，让他们学习如何清洗餐具，并告诉他们保持厨房的干净和整洁是非常重要的。

④

家长引导孩子将洗好的碗和盘子摆放在指定位置，教育孩子如何有条理地摆放物品以便更方便取用。

指导建议

家务是最简单，最基础的劳动，学会做家务也是一种自理。让孩子认识和了解厨房调料，同时也可以教育他们食品安全和卫生知识。家长密切关注孩子的安全，远离明火等危险物品，并鼓励孩子遵守游戏规则，保障安全。

27

游戏

辨别不同的味道

适合年龄：6~12 岁

游戏目标

提高儿童生活自理能力和对不同味道的辨别能力。

游戏步骤

❶ 准备一盘孩子爱吃的水果，然后用布条蒙上孩子的眼睛。

梨是甜的还是酸的？

❷ 家长给孩子吃不同的水果，例如：梨，让孩子摸一摸梨，可以摸出梨是圆的，还有一个柄，让孩子咬一口，然后问孩子："梨是甜的还是酸的？"

tian 甜
suan 酸

❸ 引导孩子辅以表示动作，点头表示甜，摇头表示酸，边吃边训练发音，tian 甜，suan 酸等。

❹ 循序渐进，让孩子接触苦的、辣的、咸的食物，以提高对不同味道的理解。

指导建议

在游戏过程中，家长可以给孩子尝试不同的水果，并让他们摸、闻、品味和描述每种水果的形状、气味和口感等特点。随着游戏的进展，可以让孩子接触更多不同味道的食物，如苦的、辣的、咸的等，从而提高他们对不同味道的辨别能力。此外，在游戏结束后，家长可以与孩子讨论各种不同味道的食物，并为孩子提供有关食物营养价值和健康的知识，帮助他们掌握更多实用的生活技能。

28

游戏

使用洗衣机

适合年龄：6~12岁

游戏目标

提高儿童自理能力，训练儿童学会使用洗衣机。

游戏步骤

❶ 家长与孩子一起了解洗衣机的基本功能、安全操作规程以及紧急情况下应该采取的应急措施。

❷ 与孩子一起将脏衣服分门别类放入不同的洗衣袋中，并讲解每个洗衣程序的区别和适用范围。

❸ 向孩子演示如何打开洗衣机盖子、倒入洗涤剂、选择洗衣程序、启动洗衣机、干净拾取洗完的衣物等一系列操作流程，并让孩子模仿操作。

❹ 让孩子自己操作洗衣机，在家长的指导下进行正确的操作流程，直到完成所有的洗衣程序，并把衣服晾干。

指导建议

将衣服进行分类，比如按颜色、种类放入洗衣机。家长应该引导孩子注意每一步的细节和正确方法，鼓励他们动手操作并培养自信心。

29

学会拧抹布

适合年龄：8~12 岁

游戏目标

提高儿童生活自理能力，掌握一项技能，也锻炼精细运动与模仿能力。

游戏步骤

❶ 准备两个吸水性强的抹布，妈妈和孩子各拿一个，再准备两个装满水的盆和两个空盆。

❷ 妈妈先示范，用吸水毛巾吸水以后，把毛巾置于空盆上方，用双手把毛巾里的水拧出至空盆里。

❸ 刚开始妈妈可以与孩子一起，轮流每人一次，一同把盆里的水转移。

❹ 等孩子熟悉后，妈妈可以跟孩子比赛，看谁运得更快。

指导建议

开始时家长与孩子一起进行操作以便指导和帮助。随着孩子的熟练度增加，可以逐渐提高难度，增加比赛的时间或者增加水的数量。

30 游戏 擦地板

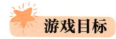

适合年龄：8~12岁

提高儿童生活自理能力。锻炼大动作的同时，帮助孩子提高身体协调能力。

游戏步骤

❶ 拿起拧干的抹布，家长先给孩子示范如何用抹布擦地板。

❷ 先让孩子模仿擦地板的动作，教会孩子动作要领。

❸ 孩子熟悉要领后，可以在清洁区域内设置起点和终点。

看看我们谁擦得又快又干净？

❹ 家长和孩子比赛，对孩子说："看看我们谁擦得又快又干净？"

指导建议

游戏前应清理好游戏区域，确保地面的平整性和安全性，以防摔倒等意外事件的发生。擦地板过程中，家长应指导孩子正确地使用拧干的抹布，并注意观察孩子的身体姿势和动作是否正确，及时纠正不良习惯。

31

游戏
倒水

适合年龄：8~12 岁

游戏目标

提高儿童的生活自理能力，锻炼精细动作。

游戏步骤

❶ 准备 2 个水杯，将一杯水倒进另一个杯子中。

❷ 让孩子观察两个杯子的形状和大小差异。

❸ 让孩子试着将水倒回原来的杯子中，锻炼其手部协调能力。

❹ 逐渐增加难度，比如加入不同形状的容器或者要求倒的水量不同等。

指导建议

在游戏过程中可以引导孩子观察和描述两个杯子的异同，培养其发现问题、分析问题的能力，还可以教育孩子关于节约用水等环保知识。

32

 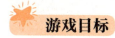

煮面条

适合年龄：8~12 岁

游戏目标

提高孩子的动手能力和自理能力，让他们在日常生活中更加独立。

 游戏步骤

① 家长向孩子演示如何拿锅接水，并教授控制水量的方法，同时鼓励孩子。

② 把锅正确地放在电磁炉上面并学会用电安全。

③ 煮开水并加入固定量的调料（在烧水的时候就可以教孩子调调料，孩子要学会认识的调料有：油、盐、酱油、醋等）。

④ 保持安全距离将面条放入锅中，用筷子或汤勺搅拌。

⑤ 学会看面条是否煮熟，如"用定时器定时，面条入锅后煮 3 ~ 5 分钟"，捞出一根品尝一下是否已经煮熟。

 指导建议

这个游戏对提高孩子的动手能力和自理能力有很好的帮助。建议家长在游戏中要逐步引导孩子。同时，需要特别强调安全问题，让孩子知道哪些是危险的行为，避免发生意外。

第五章

情绪管理
能力训练游戏

1 游戏

情绪脸谱

适合年龄：3~6 岁

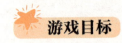

游戏目标

训练儿童把不同情绪进行分类。

游戏步骤

① 家长在桌上放 3 个儿童的表情脸谱，比如：微笑、哭泣和皱眉。

② 家长说出情绪的名称"开心""难过"和"害怕"。

③ 示范把"微笑"的脸谱放在自己的脸上，同时说"开心"。再换"哭泣"的脸谱，同时说"难过"。

你也来做。

④ 引导孩子进行分辨，对孩子说"你也来做"。

指导建议

若孩子的语言能力允许，家长可在出示每张脸谱的同时，自己说出或让孩子说出该脸谱情绪的名称。

游戏 水果卡片

适合年龄：3~6 岁

游戏步骤

① 妈妈准备3张水果卡片放在桌面上，最好是孩子爱吃的水果。

② 妈妈对孩子说："刚刚我们吃了什么水果呀？"孩子回答："香蕉"。

③ 引导孩子指出桌面上的"香蕉"卡片，在此过程中，孩子不仅情绪稳定，还能跟着妈妈思路走。

你真棒！

④ 如果孩子能正确指出卡片，妈妈鼓励孩子"你真棒！"

指导建议

　　若孩子不清楚游戏方法，当孩子选取了错误照片时，成人须立即对儿童说"不对"，然后帮助他放下照片，再选择正确的照片。

3 游戏
百变表情

适合年龄：3~6岁

帮助儿童认识各种表情或对各种表情加深印象。

游戏步骤

① 用家人的表情照片帮助孩子巩固表情名称，例如：使用爸爸微笑表情的照片，拿出照片，然后说"爸爸在笑。"

播放家长日常生活的视频片段，当视频主角出现表情时把视频暂停。②

爸爸在笑。

③ 引导孩子说出表情名称，如"爸爸在笑。"

你真棒！

若孩子能说出正确的表情名称，家长立即给予奖励。④

指导建议

视频片段中主角应是与孩子较亲近的家人，如：爸爸、妈妈、爷爷、奶奶等。若儿童能力允许，可选择不同主角的同类表情。

游戏 4 音乐会

适合年龄：3~6岁

游戏目标

帮助儿童感受放松，并调整他们的情绪状态。

游戏步骤

1 准备两把椅子，让孩子们静静地坐在其中一把椅子上。

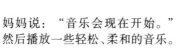

音乐会现在开始。

2 妈妈说："音乐会现在开始。"然后播放一些轻松、柔和的音乐。

3 同时，妈妈坐到另一把椅子上，和孩子一起欣赏音乐。

指导建议

游戏开始前，家长可以与孩子一起做 3 ~ 5 分钟的深呼吸练习，以帮助他们放松身心。播放不同类型的音乐，并询问孩子对不同音乐的感受和反应。鼓励孩子在音乐会期间闭上眼睛，专注于听音乐，感受节奏和旋律，让身体和情绪随着音乐的节奏慢慢放松下来。

游戏目标

让儿童情绪放松。

游戏步骤

① 妈妈播放音乐（选择孩子喜欢的音乐类型），并跟随着音乐舞动，将动作做得夸张些。

② 如果孩子感兴趣，看到妈妈的舞姿同时听到音乐后，心里会感到放松。

③ 这时，妈妈可以邀请孩子与自己一起舞动。

指导建议

在跳舞时，鼓励孩子将自己的个性和想法融入舞蹈中，让他们尽情展示自己的创意和风格。可以邀请孩子和其他家庭成员一起参与舞蹈比赛或合唱，增强家庭互动和合作。在比赛中加入奖励激励机制，让孩子更有动力参与游戏。

6 游戏 切水果

适合年龄：4~8岁

 **游戏目标**

调节儿童的情绪，同时也锻炼和发展了儿童的指令灵活度。

 游戏步骤

① 让孩子玩切水果的电子游戏。

② 家长示范，伸出一根手指不停地在屏幕上划，当切到水果时，会发出"咔嚓"的音效，此声音能有效吸引孩子的注意力。

③ 让孩子观察整个切水果的过程，尝试让孩子动手自己切。

苹果两半了，你切得真准！

④ 如果孩子能准确地切到水果，家长表扬孩子"苹果两半了，你切得真准！"

 指导建议

切水果的同时，还可以帮孩子温习各种水果，刚开始会有切不到的情况，家长要鼓励孩子，努力尝试，最终掌握游戏技巧。

7 游戏
表情模仿秀

适合年龄：4~8 岁

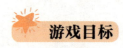

游戏目标

训练儿童进行正确的情绪表达。

游戏步骤

① 家长向孩子展示表情图卡。如"微笑""皱眉"。

开心就会微笑。

让孩子模仿图卡上的表情，提示孩子"开心就会微笑。"与此同时，家长做"微笑"表情。

②

③ 孩子与家长要有眼神接触，能够在家长的手势或口头提示下完成动作。

指导建议

在训练模仿表情时，切忌强迫孩子注视家长或该表情图卡，家长应以用具、声音或刺激感官的事物来吸引孩子的注意力。

游戏 情绪色彩拼图

适合年龄：4~8岁

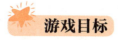

游戏步骤

① 为每种情绪（如快乐、伤心、生气等）选择一种特定颜色，并将这些情绪颜色分别打印在纸片上。

家长将情绪颜色纸片随机散布在桌面上，供孩子挑选。当孩子挑选到一张颜色纸片时，向她展示代表该颜色情绪的图片。

②

③ 当孩子已经收集了所有的情绪颜色纸片后，引导她把这些纸片拼成一个整体图案，以此来展现情绪世界的多样性。

在完成整个情绪色彩拼图之后，与孩子分享每种情绪的情感表达技巧。

④

指导建议

颜色选择要明显区分，游戏过程中要根据孩子的实际情况适度调整游戏难度，确保游戏的互动性和趣味性。

9 游戏

情绪瑜伽

适合年龄：3~12 岁

训练儿童平衡情绪、增强身体素质。

 游戏步骤

❶ 从简单的动作开始，家长根据孩子的情绪状态，与孩子一起进行相应的瑜伽练习，如缓解压力的深呼吸、放松身体的躺姿势等。

❷ 同时，引导孩子在练习中注意觉察自己的身体感受和情绪变化。如"躺着真舒服、真放松呀！"

躺着真舒服、真放松呀！

❸ 引导孩子运用瑜伽练习来平衡和调节情绪，如"以后不开心，我们一起做瑜伽。"

 指导建议

在练习中，家长可以引导孩子注意自己的身体感受和情绪变化，并鼓励孩子表达出来。例如，"你觉得这个姿势怎么样？你感到轻松了吗？"

10 游戏 放松卡

适合年龄：6~12岁

游戏目标

帮助儿童在真正出现紧张或焦虑时，能放松自己。

游戏步骤

① 为孩子专门布置一个独立空间"放松区"，里面放置可使孩子放松的物品，如：地垫、靠垫、毛绒玩具等。

制作"放松卡"，可以使用孩子觉得柔和的颜色卡或者孩子喜欢的图案卡。 **②**

放松卡

③ 当孩子出现紧张或焦虑时，家长便立即出示"放松卡"，慢慢带领儿童进入"放松区"。

指导建议

若孩子可以理解抽象的口语，家长用合适的语言告诉孩子放松是好的，比如："放松，做得好！""看，你现在很放松呀！"

11 游戏

飘动的丝巾

适合年龄：6~12 岁

游戏目标

帮助儿童舒缓情绪。

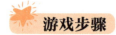 **游戏步骤**

❶ 让孩子坐在椅子上，家长在孩子面前拉开一条半透明的丝巾。

❷ 家长示范"吸气""呼气"，当孩子掌握了丝巾飘动的节奏后，让孩子大声吸气和呼气，当丝巾飘起时吸气，丝巾落下时呼气。

❸ 可以让孩子尝试闭上眼睛，专注于感受丝巾在呼吸中的飘动，同时配合家长的声音指导来进一步放松身心。

 指导建议

游戏开始前，可以与孩子一起做 3 ~ 5 分钟的深呼吸练习，以帮助他们快速的适应游戏。

12 游戏

掷骰子

适合年龄：6~12岁

帮助儿童识别和管理情感，学习和理解不同的情感表达方式，并提高自己的情感认知和情感应对能力。

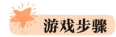

游戏步骤

① 制作一个大号的骰子，在骰子的六个面上分别标记上常见的情感状态，如快乐、生气、沮丧等。

② 让孩子掷骰子并读出骰子所显示的情感。如"快乐"。接下来，家长描述一些与该情感相关的经历或场景，如"你吃甜甜的蛋糕，就会很快乐。"

> 你吃甜甜的蛋糕，就会很快乐。

> 深呼吸。

③ 基于所掷骰子而得到的情感，与孩子一起制定相应的情感管理策略。例如，当孩子掷出"生气"时，可以引导他们试着找到缓解愤怒情绪的方法，如深呼吸或者安静地离开现场等。

指导建议

骰子的颜色和情绪状态要与孩子年龄、认知能力相匹配。鼓励孩子在游戏中表达真实的情感，避免对孩子情感进行质疑或评判。着重在游戏结束后强化孩子所学到的情感管理技巧和方法，并提供相关辅导和支持。

13 游戏
情绪大转盘
适合年龄：6~12岁

游戏目标

训练儿童能够更好地了解自己和他人的情感状态，并提高自己的情感表达和交流能力。

游戏步骤

① 制作一个大号的转盘，在转盘上分别标记上常见的情感状态，如喜悦、愤怒、失落等。同时，在转盘周围设置若干相关情感图片。

② 让孩子加转动转盘并停在一个情感状态上，如"失落"。然后家长给孩子示范表达此情绪，如"我最喜欢的玩具小熊不见了，我很失落"，并在转盘周围选择"失落"的图片来展示情感状态。

③ 然后引导孩子安抚家长"失落"的情绪，可以对孩子说："抱抱我。"

指导建议

家长应该对游戏内容进行充分准备和研究，包括选择合适的情感状态和相关图片，并设计适合不同年龄段的表达方式。根据孩子的实际情况和表现适当调整游戏难度和深度，以保证孩子能够持续参与并获得成就感。

14 游戏

情绪串联

适合年龄：6~12 岁

游戏步骤

❶ 家长为孩子准备一个有情感词汇的串珠链，并告诉他每个珠子代表不同的情绪。

让孩子选择一些自己最近或最常遇到的情绪珠子串成一条链，例如"开心"。家长描述这些情绪是如何发生的以及当时的感受。例如"当你吃到喜欢的彩虹糖，就会这样开心地笑！" ❷

❸ 同时可以让孩子将这些情绪串珠链挂在自己床头，作为每天睡前的反思和回顾。

指导建议

家长可以将这些情绪串珠链挂在孩子的床头，作为每天睡前的反思和回顾，这可以帮助他更好地了解自己的情感变化和成长。

15 游戏

情绪画廊

适合年龄：6~12岁

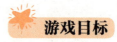

游戏目标

让儿童通过绘画表达自己的情绪，提高情绪管理和艺术创造能力。

游戏步骤

① 为孩子准备一些颜色、材质各异的画纸和绘画工具，让她根据自己的心情随意绘画。

② 可以邀请孩子分享自己作品所表达的情感和理由，"给爸爸讲讲，你画的是什么呀？""你画这幅画的时候开心吗？"

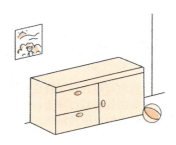

③ 也可以将这些画作展示在家里。帮助孩子进一步理解不同情境下的情绪变化。

指导建议

在游戏前，可以与孩子一起进行情绪识别练习，例如通过面部表情、肢体语言等方式来辨认不同的情绪。鼓励孩子在绘画时尝试表达不同的情绪，例如快乐、生气、难过等。同时引导孩子描绘情绪的元素和特征，例如颜色、形状、线条等。在讨论合适的情绪应对方法时，可以通过故事、角色扮演等方式帮助孩子理解情绪管理的重要性，并介绍一些简单易行的情绪调节技巧，例如深呼吸、寻求帮助等。

16 游戏

情绪抽屉

适合年龄：6~12岁

游戏目标

让儿童认识和分类不同的情绪，提高情绪识别与表达能力。

游戏步骤

❶ 为孩子准备数个小抽屉，贴上不同的情绪卡片（如开心、生气、害怕等）。

❷ 让孩子识别每个抽屉里的情绪，直到熟悉每种情绪。

这个抽屉里是生气的情绪，当你生气时会发生什么？你会感到怎样？

❸ 引导孩子自己从不同抽屉中选择卡片，并引导他们说出对应的情绪表现和感受。例如，"这个抽屉里是生气的情绪，当你生气时会发生什么？你会感到怎样？"

指导建议

在游戏过程中，家长需要积极倾听孩子的情绪表达，并给予肯定和支持，鼓励他们勇敢地表达自己的情感。

17 游戏

情绪瓶

适合年龄：6~12岁

游戏目标

让儿童通过观察情绪瓶来平衡自己的情绪，提高情绪管理能力。

游戏步骤

❶ 将瓶子装满清水，加入少量食用色素，并添加一些发泡剂和亮片。

让孩子摇晃情绪瓶，看着亮片缓慢沉淀，感受内心情绪的变化。可以对孩子说："亮片慢慢地落下来，我们也慢慢地放松！"

❸ 引导孩子逐渐平静下来，稳定自己的情绪。

指导建议

整个游戏旨在通过视觉和触觉的反馈来引导孩子了解自己的情绪状态。引导孩子逐渐平静下来，稳定自己的情绪。可以让孩子呼吸几次深呼吸或者闭上眼睛冥想一会儿，帮助他们控制情绪，达到平衡自己情绪的效果。

18 游戏 情绪扑克牌

适合年龄：6~12岁

游戏目标

加深儿童对不同情绪的理解和识别能力。

游戏步骤

1 准备一套情绪扑克牌，每张牌代表一个情绪（如红桃代表生气，黑桃代表悲伤等）。

生气。

2 家长与孩子玩扑克牌游戏，让孩子根据抽到的牌描述自己的情绪，如"生气"。

深呼吸。

3 引导孩子做出"生气"的情绪反应，并帮助他学会管理自己的情绪，比如做呼吸练习。

指导建议

刚开始游戏，为了使孩子注意力集中，家长选用最小数字的扑克牌，避免复杂的大数字图案。

19 游戏

找不同的表情

适合年龄：6~12 岁

游戏目标

帮助儿童更好地理解和管理情绪，能够集中注意力，缓解焦虑情绪。

游戏步骤

❶ 家长先给孩子介绍不同表情所代表的情感，并用简单易懂的语言解释每张卡片上的表情。

❷ 给孩子展示几张表情卡片，让她找出卡片之间的差异。家长可以适当引导孩子发现细节，同时问一些问题来加深她对表情的理解。比如"看看卡片上的嘴巴有什么不同？""谁的脸上有眼泪？"

❸ 让孩子模仿每个表情，并引导她描述表情所代表的情感。如"很快乐""不开心""很生气"。

❹ 重复以上步骤直到孩子能够熟练区分和表达每张卡片上的表情为止。

指导建议

家长可以在游戏中加入一些角色扮演或情景模拟，让孩子更好地理解不同情境下的表情和情感，并学习如何应对。

20 游戏

情绪跟读

适合年龄：6~12岁

游戏步骤

1 准备一些情绪词语的表情卡片，让孩子进行跟读和模仿。

2 爸爸可以先示范跟读一张卡片"伤心""shang xin"，并模仿伤心时的表情。

3 引导孩子描述下一个情绪，比如"开心"的特征和表现形式，提出问题"开心的时候，我们是微笑还是哭泣？""哈哈大笑，是开心还是不开心？"

4 爸爸可以拿出"开心"的卡片提示孩子"开心，就会哈哈大笑"，让孩子跟读"开心""kai xin"，并引导孩子做出"哈哈大笑"的表情。

指导建议

短语和句子要选用简单、易于理解的语言，避免涉及过于复杂的主题。可以用一些简单的角色扮演或情景模拟来帮助孩子理解不同情绪的表现形式和特征。

21

游戏
情绪纸飞机

适合年龄：6~12 岁

游戏目标

让孩子学习认知和管理自己的情绪，提高情感表达和交流能力。

游戏步骤

① 制作一些不同颜色的纸飞机，每个纸飞机代表一个不同的情绪状态，如红色代表"快乐"，绿色代表"生气"，黄色代表"难过"等。

让孩子选择一个纸飞机，然后询问孩子当前的情绪状态，并指导孩子在纸飞机上画出相应的表情。 **②**

把飞机追回来。

③ 让孩子把纸飞机丢到远处，当纸飞机飞到一定的距离时，孩子需要去追回它。

当孩子拿到纸飞机后，家长可以和孩子一起阅读并理解纸飞机上的情绪状态，并引导孩子表达自己的情感体验。 **④**

指导建议

游戏过程中，家长可以通过引导孩子去追捕纸飞机来提高其动手能力和协调能力，同时也有助于缓解孩子的情绪压力。

图书在版编目（CIP）数据

孤独症儿童的地板时光 / 贾美香主编 . -- 天津 ：
天津科学技术出版社，2024. 9. -- ISBN 978-7-5742
-2400-1

Ⅰ. G766

中国国家版本馆 CIP 数据核字第 2024MJ2776 号

孤独症儿童的地板时光

GUDUZHENG ERTONG DE DIBAN SHIGUANG

责任编辑：张　跃

责任印制：兰　毅

出　　版：天津出版传媒集团
　　　　　天津科学技术出版社

地　　址：天津市西康路 35 号

邮　　编：300051

电　　话：（022）23332377（编辑部）

网　　址：www.tjkjcbs.com.cn

发　　行：新华书店经销

印　　刷：三河市金兆印刷装订有限公司

开本 710×1000　1/16　印张 12.5　字数 160 000

2024 年 9 月第 1 版第 1 次印刷

定价：59.80 元

青蓝